生きるのが楽になる「感情整理」のレッスン

ワタナベ薫

三笠書房

はじめに

本書は、ただ疲れた心を癒すための本ではありません。「思い通りの人生を手に入れる」強いパワーが湧いてくる！

「こんなにがんばっているのに、ちっともうまくいかなくてもうイヤ」

「最近イライラしやすくてやる気が起きない。全然毎日を楽しめない」

「他人の幸せな話がつらい。しかも喜べない自分が醜《みにく》く思えてさらにつらい……」


そんなふうに思わずにはいられないような出来事が起こったり、状況に置かれたり。

あなたも、このような気持ちになったことがあるかもしれません。

人生ウン十年生きていると、そうした出来事を少なからず経験するものです。

ときには、「一体私が何をしたっていうの?」と思ってしまうほどの出来事が起こることもあるでしょう。

そのようなときの、しんどくて苦しくて、心が折れそうになる感覚。そして目の前の現実に対して、もうどうしたらいいかわからなくて思考が停止してしまう自分……。
あらかじめどんな苦難がおそってくるのかがわかっていれば、心の準備ができるのかもしれませんが、逆境は突然起こるもの。だから、余計にメンタルに受ける打撃が大きいものです。

でも、大丈夫です！

実は、そこからあなたの「魅力」や「いいところ」が見つかるのですから——。

「腹を立てるか」「立てないか」あなたが自由に選べる

多くの人は、他の人のせいで自分が苦しめられたり、嫌な気持ちにさせられたりすると思っています。イライラするのも怒りの感情も、誰かによって、自分がそのような状態にさせられてしまっている、そう思いがちです。

しかし、**感情とは誰かによって「させられるもの」ではなく、「自分で選んでいる**（傍点）**もの」**なのです。

「常識」や「普通」という言葉があります。こうした言葉に対して私たちは誰もが、オリジナルの価値観をそれぞれに持っています。

Aさんの常識とBさんの常識がまったく同じということはありえない。

だから人は、自分の思い通りにならないときに悩み、感情を乱します。

感情とは、他人によって「乱される」のではないのです。自分の選択で「乱して」いるのです。

「ザワついた心」をスーッと鎮める方法

そんなふうに心がザワついているときは、他人にも自分にも優しくなれないかもしれません。

そして、がんばってもがんばっても、なぜか空回りしているような感覚になるかもしれません。

なぜか悪いことが何度も重なり、もう全部ダメなんじゃないだろうかと、投げ出したくなるかもしれません。

特に女性は情緒が豊かですから、感情を抑えるのが難しいときもあります。感情が暴れ出したとき、どう対処していいかわからず、イライラ、モヤモヤしてしまう。それを消化しきれないまま次の日まで持ち越してしまうと、どんどん心が疲弊《ひへい》していくかもしれません。さらに、それらのストレスは外見に影響を及ぼすこともあります。

しかしながら、こうした扱いづらい「マイナスの感情」をどうやって整理すればいいか、その術《すべ》がわかっていると、自分ですぐに消化することができます。

「はい、次！」といった具合に、わりと短時間でしかも無理なく、元気を取り戻せるものです。

ネガティブな気持ちは「自分を知る材料」になる

この「感情整理」のやり方はそんなに難しいものではありません。実はすごくシン

プルです。これがわかっていると、今後の人生、あなたはとても楽チンに生きることができます。

本書は、一般的なメンタル本のような、ただ疲れた心を癒すためのものではありません。

人は綺麗事だけでは生きていけません。

歯を食いしばってでも乗り越えていかなければならないときもあります。

真っ暗で、先が見えない長い長いトンネルの中を、ただひたすらに進まなければならないときもあります。

ですからそうした**「試練ときちんと向き合うための心の持ち方」**も、丁寧にお伝えしていきたいと思います。

何よりも、そのようなつらい出来事は、長い人生においてただあなたを苦しめるだけのマイナス要素ではなく、**次のステージに向かって好転するための貴重な教訓になる**からです。

本書では、ネガティブな感情の整理の仕方だけではなく、その感情とうまく付き合い、整理したあとに、それを自分の強さに変え、「どう生きていったらいいか？」を考えます。

そうして、人生をできる限り自分らしく楽しく過ごすにはどうすればいいのかを発見していく、きわめて現実的な本です。


あなたが思い通りの人生を歩み、元気に、前向きに、幸せに生きていく方法が、本書にはおさめられています。

あなたがこの本を手に取ったのは何かのご縁かもしれません。

一冊の本で人生が変わることなどは多々あります。

あなたの直感でこの本の内容が気になったら、ぜひ続きをお読みになってみてください。

ワタナベ薫

CONTENTS

第2章 〝ネガティブ〟はあなたの魅力を深める「宝物」
――人に優しくする前に、自分に優しくしてあげよう

第3章

美しく輝く女性になるための「内面の磨き方」

――誰かになろうとしなくていい！「自分らしく」人生を楽しむ秘訣

第4章

毎日が愛でいっぱいになる「行動」の魔法

――一瞬ですべてが変わります

第1章

疲れた心が軽くなる「感情整理」のコツ

——「まあ、いいか」。受け入れたとたんに手放せる

「なぜ、何もかもうまくいかないの？」と感じたら

「何をやってもうまくいきません！　仕事も婚活も必死にがんばっているのに全然成果が出ないし、もう自分が何をやりたいのかもわからない。

それなのに大した努力もしてなさそうな友達のほうが、なんか人生うまくいってたりして、ホント嫌になる。

こんなにがんばっても、ちっともうまくいかないのに、ポジティブ思考が大事とかキラキラワクワクだの夢だのって、もう嫌！　聞きたくもない！」

私たち女性は、男性よりもちょっと感情的ですから、日常の中でこのような状態になってしまうことは誰にもあります。

どんなに普段明るくてニコニコしている人でも、こんなふうに負の感情に支配されたり、感情が爆発してしまうことは必ずあるものです。

あなたもこのような感情を持ったことがあるのではないでしょうか？

たいていの人はこうした「負の感情」を、表に出さない、出せないもの。それゆえについつい無理して抑え込んでがんばってしまうものです。

たとえば、あなたがうらやましいと感じている友達がいたとします。その人が楽しそうにキラキラしているように見えることがあったとしても、こういった負の感情をその人が表に出していないので、あなたには見えないだけなのです。

それゆえに、まるで自分だけが、出口の見えない真っ暗なトンネルの中に入ってしまったかのような感覚に陥《おちい》ってしまうかもしれません。

そんなふうに「なんで私ばっかり……」と暗くて重いネガティブな感情に襲われてしまったときは、荒れてしまうことなく、**心をニュートラルにする**こと。そして、長引かせずにできれば短い期間で乗り越えたいものですね。

人生、ウン十年生きていると、遅かれ早かれ一度どころか二度も三度も四度も十度も二十度も、このような苦しい時期がやってくることでしょう。もしかすると、まさに今その渦中にあるという人もいらっしゃるかもしれません。

でも実は、とんでもないような逆境、たとえば、離婚や借金問題、大切な人との死別など、感情や価値観が破壊されるかのような大きな苦しい出来事が自分に起きたときというのは、自分の世界観が変わるターニングポイントの可能性大。

こうした苦しい状態というのは、**あなたが飛躍的に成長し、かつてなく魅力的な女性になるチャンス**なのです。

本書ではその苦しい状態をチャンスに変える具体的な方法を余すところなくお伝えしていきたいと思います。

もちろん、苦しい状態の渦中にあるときは、つらすぎてそれがわからないかもしれません。苦しくて苦しくて、不安に押しつぶされそうで、悲しくて悲しくて、または怒りで満ちていて……。

「ポジティブシンキングがポジティブな未来を創る」なんてよく言いますが、そんなつらいときに前向きになれる人など、そんなにいないでしょう。

そういうときは、そう。無理に前向きになる必要もなく、ただただ静かにときが過ぎるのを待つように、何も考えず過ごす……。そんな方法がおすすめです。

人生、晴れの日もあれば、雨の日もある

私はメンタルコーチとしてたくさんの方のメンタルと向き合ってきましたが、私自身もメンタルが落ちないわけではないのです。落ちたら落ちたで、意識的にしっかり落ち込みます。**そうなったときは自分を甘やかしてダラダラ過ごしたり、無理にがんばろうとせずに力を抜いて流れに身を任せるのです。その落ちた状態にしっかり浸《ひた》ります。**

このとき、「心の体力」を使いすぎてしまわないように、焦ったりもがいたり、負

の感情にフォーカスしたりせず、ゆるやかにいることを意識しているので、さほどイライラしたり極度にメンタルが落ちすぎることもありません。するといつのまにか、ネガティブな周期から抜けることができるのです。

人生にはバイオリズムのような波があります。

落ちれば必ずいつかは上がるし、上がれば必ずいつかは落ちるのです。落ちたときにどのように過ごすかが、うまく元に戻るための大きなポイントになります。

落ちたとき、人というのは、全体的にネガティブな思考やものの見方になるものです。ですからそうなったときは、まずそういう**「ネガティブな自分」を受け入れること**。「こんな自分も、しゃ～ないわな～」と思って、クラゲのように、グネグネするくらいの思考でいるほうがちょうどいいのです。

落ちたときに、下手に早く這《は》い上がろうとして色々ともがいてしまうと、出来事に対してムダな意味づけをしたり、さらに深く落ち込んでしまうようなことになりかねません。

それよりは、「今は落ちる時期か……ま、いいや、どん底まで落ちてやれ」くらいの心持ちでいること。するとそのうちまた、上がるしかないのです。

人生はそういうふうにサイクルができているので、**よいときだけ受け入れるのではなく、つらい時期もあることを認め、それを受け入れる。**そうすると、マイナスの状態を手放すことがすごく早くなるのです。

こんな苦しい時期なんてできれば避けたいものかもしれませんが、どんな経験も貴重で、私たちが成長するのに必要だからやってくる試練なのです。

「起こること」にはすべて意味がある

ちょっと話はそれますが、私は苦しい時期にはいつもこう考えます。

人間は、天国では経験できないことを経験したくてこの世に生まれ、その経験したいことが目の前に現実として起こるのである、と。

つまり、人生という長いスパンで、もっと言うと魂レベルで考えたとき、自分に起こる苦しい出来事は、人として成長するために与えられた課題みたいなものです。今《こん》生《じょう》での務め、と言ってもよいかもしれません（これは引き寄せの法則とは別物です。ときどき、自分がダメだからこんな悪いことを引き寄せてしまったんだと思ってしまう人がいますが、そんなことを思う必要はまったくありません）。

成功者に、「成功を手に入れるきっかけとなったのは何か？」と質問すると、逆境や試練などのつらいことを挙げる人がほとんどです。ですから、人生においてそのようなつらい時期というのは、大きな学びになるものなのです。

試練を学びに変えるには、すぐに前向きになれなくてもいいので、泣いてもわめいても、閉じこもっても引きこもっても寝てばかりでも、**自分に「それでいいのだ！」と許可ができるようになること**です。

どんな自分にも許可ができるようになると、もがいたり焦ったりムダなエネルギーを使ったりすることなく、自然にその苦しい出来事から抜け出ることができます。

そしてあとから振り返って、その苦しかった経験からポジティブな教訓を拾い出し、

その教訓を記憶しておきましょう。すると、また似たような出来事があったときに、その教訓を思い出すことで試練を乗り越えやすくなる。

このように、試練のたびにあなたはどんどん強くなっていくのです。その経験は、今後、あなたの宝となるでしょう。

もし、友達に似たようなことで苦しんでいる人がいたら、そのあなたの経験から得た教訓を教えてあげてください。きっと喜ばれるはずです。

人生の中には、つらいことなんてないほうが楽ですが、なかったらなかったで、成長もないのです。

「何もかもうまくいかない」と感じる経験をしているときは、あなたの人としての懐《ふところ》が、『広く』『大きく』『深く』なるときなのです。

「ネガティブな感情」は前向きな思考の現れ

人によっては、気持ちが沈みやすい季節というものがあります。

たとえば春先や秋、太陽があまり出ない冬期になると気分が落ち込んでしまう、そういう女性は少なくありません。

または季節とは無関係に、理由もなく悲しくなったりまたは寂しい気持ちになったりして、涙が出てしまう、なんとなく気分が優れない、なぜか考えがすべてネガティブになってしまう……そんな経験を誰もがしたことがあるのではないでしょうか。

そんなとき、自分を責めてしまう人がいます。周りは皆上手に感情をコントロールしてうまく生きているように見えるのに、どうして自分はこんなにダメなんだろうと、自分のネガティブさを腹立たしく思ったり、周りから取り残されてしまったような気持ちでいっぱいになったり……。

では、そんなネガティブな感情に見舞われたとき、どうしたらいいでしょうか？気分を上げるために、明るい音楽を聴きますか？

それとも、明るく陽気な友達に会って元気のおすそわけをしてもらいますか？

これらの方法は、ちょっとだけ気分が優れないときにはおすすめです。

多少、元気がないくらいだったら、外部からの刺激によって脳がいい意味で自分を騙《だま》してくれ、負の感情をなかったことにしてくれるからです。

しかし、感情がとても沈んでいるときに、無理に気分を上げようとして前向きな本を読んだり、エネルギッシュな人と接することで元気を取り戻そうとしても、それは逆効果になってしまうことがほとんどです。

なぜかというと、**それは自分の中にあるネガティブさや、寂しくなる気持ちなどに蓋《ふた》をして、見て見ないふりをしていることになるからです。**

長く気分が冴《さ》えないとか、あまりにも元気がないときは、無理にポジティブになろうとするとかえって気持ちが苦しくなります。

そんなときは、自分の落ち込んでいる感情に誰かに共感してもらうと、早く元気になり、ネガティブな状態から抜け出す力が得られるのです。

人の気持ちは、同調してもらえると、早く癒《い》えていきます。

「つらかったよね……」

「そういうときって悲しいよね」

「私もそうなるときあるよ」

と言ってもらえるだけで、救われるのです。

逆に、「こんなんじゃダメだ」と、自分の感情を否定すればするほど、そのネガティブな感情に意識が集中することになり、ますますその気持ちは増大していきます。

ですからネガティブな気持ちになったときこそ、まずは素直にそのネガティブに浸ってみるのです。その場合、次の考えを前提としてください。

それは、**ネガティブな感情は悪いものではない**ということ。

そもそもネガティブな感覚というのは、あなたのポジティブな感覚を支えてくれているものです。

自分の中のネガティブにとことん向き合うと、本当はポジティブになりたいから、もっといい状態になりたいから、そうした感情があったんだということに気がつきます。

つまり、**ポジティブとネガティブは二つで一つ。**それがあなたの心なのです。

「どんな気持ち」も、大切なあなたの一部

「こんな自分はダメだ」と思うのは、ダメな自分から抜け出して元気になりたい、という極めてポジティブな気持ちの現れです。

「誰かがねたましい」というネガティブな気持ちには「私もあんなふうになりたい」という前向きな考えが隠されているのです。

また、「ネガティブに浸ってもいい」と自分の感情に許可をすると、案外浸り続けられないもので、さらにはその状態にいい加減飽きてきます。そのように本当に心が解放されたとき、ポジティブな方向に少しずつ向かうことでしょう。

ネガティブは、誰でも持ち合わせているものなので否定しないでください。

それは、**自分の中のすべてを占めているわけではないですし、自分自身の大切な一部分**なのですから。

「私って、そういうところ、あるんだよね」と認めてあげて、軽く受け止めてみることで楽になり、解決につながるのです。

ちょっと違う話になりますが、周りの人の影響によってネガティブにさせられることもあります。極端にポジティブな人とずっと接していると、どうしてもバランスを取ろうとして、自分がネガティブになったり、その逆もありきで、あまりにネガティブな人に接すると、自分もホントはネガティブな人なのに、急にポジティブな人に変わることがあるのです。

人間関係も上手に、バランスを取っているものですね。


否定はしない。

受け止める。


さあ、今日から「ネガティブになってしまっても、それもありなんだ」という考えをインプットしてみてください。

きっとこれまでよりもずっと心が軽くなっていくはずです。

何があっても自分を否定しない

ここでは、ちょっとだけ**「波動」**の話をしたいと思います。あなたは、人や物に対して波動という言葉が使われているのを見たり聞いたりしたことがありますか？

波動が下がると免疫機構《めんえききこう》が下がります。さらに、あなたの発する美しいオーラもなくなりますし、外見にも悪影響を及ぼします。

さらに、波動が下がると変な人が寄ってきます。

あなたをジャッジする人、不平・不満・愚痴を言う人、利己的な人……つまり波動が低い人が集まってくるのです。

そうなると、あなたも低い波動の仲間になってしまい、よどんだ黒い波動を発してしまうことになります。

逆に波動が上がると、これらのすべて反対のことが起こります。**免疫が強くなり、オーラも美しくなり、外見も輝き、いい人に囲まれる**ことになります。

そもそも波動とは、量子論的に言うと、人や物から出る「振動」の周波数のことです。簡単に説明すると、すべての物質は、分子、原子、電子などの、素粒子《そりゅうし》と呼ばれるミクロの世界でも全部振動しています。それは波のような動きもするので「波動を発している」という表現をします。

さらに人間の思考や意識も、同じく波動を発しているということが最近の研究でわかっています。つまり、**この世の中に存在するすべてのものからは、周波数が出ているのです。**

そして、それらは周波数が同じで共鳴する物、あるいは人同士で寄り集まります。

共鳴って心地いいですからね。たとえば似たような人たちといると気持ちがいいし、楽しいし、盛り上がっていく感じがしますよね？　それは、波動が合っていて、お互いの似ているものが増大している状態だからです。逆に周波数が違う人といると違和感があります。それが不協和音状態。つまり居心地が悪いのです。

人は、自分から発している周波数と同じ人たちと居たがります。これが「類友の法則」です。

ですから、自分の波動が低いと、同じように低い波動の人たちが共鳴したがって、あなたに寄ってくるのです。

目に見えないこの世の重要な「しくみ」

しかし、そこでそういう人たちと群れてしまうと、いつまでも周波数の低いままになってそこから抜けられなくなります。そしてよくない出来事も引き寄せやすくなり、さらに問題が起きたときやその悪い状態を乗り越えることも難しくなります。

というのも、**私たちは無意識に付き合う人の波動に合わせてしまう**から。そう、周りの周波数にチューニングしてしまうのです。

これが「負のスパイラル」に突入する、ということに繋《つな》がっていきます。

では、自分の波動を上げるにはどうしたらよいのでしょうか？

波動を上げる方法をお伝えする前に、まず、下がる原因となるものをお伝えします。

これはとっても大切です。

それは、前の項目で扱った**「否定」**。これが波動を下げるのです。


それは自分のみならず、周りにいる人々への否定も同じです。

怒りも悲しみも憎しみもたいていの場合、そうした感情のどこかには必ずこの「否定」が入っているものです。

「否定」をしていると、モヤモヤイライラして気持ちのよくない状態になって波動が下がるのです。

ですからそのとき「あ、今自分は否定している」と客観的になって気づくことが大事。するとは感情をコントロールすることができ、「負のスパイラル」に入り込むことを未然に防ぐことができます。

苦しくなったときの「思考のチェンジ法」

そして波動を上げる方法ですが、それは**自分を心地いい状態にすること**です。その方法のいくつかをお伝えします。

モヤモヤイライラに意識が向き始めたら、まずはその思いを遮断するために、思考の切り替えをします。

簡単な方法として、立ち上がって場所を変えるだけでも効果がありますし、さらには、自分の気分がよくなることを集中してやってみるとよいでしょう。

このような、今までの自分のパターンをやめることをＮＬＰ（神経言語プログラミング）では**「パターンの中断」**と言います。

具体的にどのように中断するかというと、たとえばすぐに外に出てみるのもいいです。買い物でもいいですし、公園で澄《す》んだ空気を吸うのもいいでしょう。外に出られない場合は、好きな音楽をかけて声を出して歌ってみることや、または、コーヒーを淹《い》れて、味や香りに集中して飲んでみることなどもいいでしょう。

あるいは職場などでそういったことがなかなか出来ないときは、トイレに行って鏡を見てみてください。

そのモヤモヤイライラが自分に悪影響を与え、ブサイクな顔になっているのを見たら、こんな自分嫌だ！と思うことでしょう。

そのとき両手で頬をペチンと軽くひと叩きして、「よし！」と気合いを入れて、笑顔になってみてください。

自分の負の気持ちがまだ軽いなら、こうしたことで、思いをチェンジすることができることでしょう。しかし、もうちょっと重い場合は次のことをおすすめいたします。

モヤモヤイライラの感情から抜け出るために、感じていることをノートに思いのまま書きなぐってみるのです。

さらには、誰かに話を聞いてもらう、つまり「感情のアウトプット」をするのです。

もしかしたら愚痴めいた感じになってしまうかもしれませんが、感情を吐き出したら、聞いてもらった相手に感謝をして、必ずその出来事からの学び、教訓を抜き出します。そしてそれを自分の中に保存しておいてくださいね。

するとと憎たらしいと感じる大嫌いな相手や嫌な出来事にも、「このたび、学ばせてもらった」という気持ちが湧き上がるものです。

嫌なことでもプラスで終わらせることで、自分が心地いい状態でいることに意識を集中させてみましょう。

「好きな人」と「嫌いな人」が、あなたに教えてくれること

「他人は鏡である」という言葉を聞いたことがあると思います。

それは、**他人とは、自分の見えない内なる部分を見せてくれる、鏡の役目をしている**、という意味です。

心理学用語では、それを**「投影《とうえい》」**と言います。投影とは、簡単に言うと、何かを見て、自分の心の中が影のように映し出されることです。

たとえば、夕日を見て綺麗だと感じる人もいますし、物哀しく見える人もいます。同じものを見ているのにまったく違うことを感じるのは、その人の内側にある気持ちが、その対象物を通して映し出されているから、というわけです。

ということは、人間関係において他人を通して感じることも、あなたの心の中が鏡のように相手に映って見えて、感じているだけであるとも言えます。

好きな人には、あなたの長所や素敵なところが反映され、嫌いな人には、あなたの嫌なところが映し出されているのです。

好きな人や憧れている人などに感じているいい点は、自分では気づいていないだけで同じように自分の中にもあるのです。謙遜《けんそん》して「自分には無い」と思っている人は多いですが、無かったらその憧れの人には無反応のはずで、あなたの中にもそのいい点、憧れている特質があるからこそその人のことが好きなのです。

逆に、嫌いな人がやることで、いちいちイライラしたりムカついたりしているときは、ほとんどの場合、これまで見ようとしてこなかった、または隠されていたあなた自身の嫌なところや、過去にあった何か嫌な経験が映し出されているのです。

たとえば、ある人が、ハイブランドのバッグを買ったとします。その人が「前からほしかったバッグ、買ったのよ」とSNSなどに画像入りで記事をアップしたとしましょう。ある人は「わ〜、買ったんだねー。素敵〜」と〝買った〟という事実と〝素敵に感じた〟という事実だけを捉えます。しかしある人には、「自慢ばかりして、嫌味な人」というように見えるのです。これが投影です。

事実を見ただけで「自慢している」と思うのは、どこかに、自分も自慢してみたいという気持ちや、いつかそういうバッグを買いたい、持ってみたい、という憧れの気持ちが隠れているからです。

「他人は鏡」の本当の意味

繰り返しますが、好きな人も、嫌いな人も、「自分を映し出す鏡」のような存在です。

ですから好きな人からは、自分がその人のどんなところに惹かれているのかをリストアップしてみることをおすすめします。そこに書かれたことは、**全部あなたが内に持っている資質**です。

そして逆に嫌いな人がいたら、なぜ嫌いなのか、どこが特に嫌いなのかを考えてみるといいでしょう。すると、あなたの中にもその嫌いな部分があったことがわかったり、ねたみへと形を変えていた「自分もそうなりたい」という望みが、見えてきたりするかもしれません。もしくは、過去のつらいことがまだ消化されていなかったのかもしれません。

ですから、**実は嫌いな人というのは、自分自身への学びがたくさんあるもので、そこに向き合ったときに、自分の大きな成長もある**のです。

実は、私はかつて父が本当に大嫌いで、嫌いなときは「こんな人にだけはなりたくない！（怒）」と思っていたのに、自分の内側と向き合ってみたら、あまりにも父と自分が似ていたことに気づき、愕然《がくぜん》としたことがありました。

そのときはショックでしたが、やはりそれは事実で、似ているがゆえに、父とはぶつかることが多いのです。

今では父の嫌なところは自分にとても似ている、と認められたので、私にとって学びを与えてくれる父は感謝の対象になって、よい関係になりました。

肉親ですと死ぬほど嫌いでも「血の繋がり」というものがあるので、縁をすっぱり切ることも難しいですが、周りの人間関係となったら、また事情が違うかもしれません。

無理して嫌いな人と付き合う必要はありませんが、もしチャレンジする気力があるならば、なぜその人が嫌いなのかを考えることで、自分の意外な一面を発見できることでしょう。

「嫌いな人のことなんて考えるのもイヤー！」という人は無理しなくて大丈夫ですが、コーチングセッションなどでは、これをやると本人のすごい本質が出てくることがあるのです。

好きな人は、あなたの素敵な魅力やいい点を教えてくれる存在。

嫌いな人は、あなたの改善するべき部分や、もしくは改善の必要はないけれど、自分で気づいていなかった本来の姿、素の姿を教えてくれる貴重な存在、というわけです。

好きな人も嫌いな人も、自分の人生の先生ですね。

「我《われ》以《い》外《がい》皆《みな》我《わが》師《し》也《なり》」

そう考えてみると、嫌いな人もこれまたある意味、感謝の対象なのです。その嫌いな人というのは、実はあなたの人生に必要だから、学びのため、成長のためにあなたの前に現れてくれている。

そう思えると、嫌いな人に対しても見方が違ってくるものです。

「ねたみの感情」は神様からの大切なメッセージ

「ねたみ」の感情というのは、とても強く、体にも害が及ぶくらい強力な感情です。

そもそもねたみの感情とはどうして起きるのでしょうか？

結論から先に言うと、それは、**「自分が満たされていないから」**です。

言葉を換えて言えば、自分に欠乏感、不足感を感じているから。さらにもうちょっと言えば、誰かと比べることが習慣になっているからなのです（比べてしまう事に関しては、次の項目で詳しく扱いますね）。

不足感や欠乏感を抱えたまま何かをやっていても、人はそこに真の喜びや幸福を感じづらいものです。

それどころか、自分が満たされていないと、他の人のいいところや、功績に関して、卑屈《ひくつ》な見方をしてしまうようになります。

自分の基準（価値観）や自分の常識を他の人に当てはめたりして、他人を非難してしまいがちになる、そんなことにもなりかねません。

気づいて受け取れば、現実が変わる

昔の私も、まさにそのような状態でした。

不幸の真っ最中、まるで出口のないトンネルの中に入っていたかのようなときは、他人をねたんだりうらやましいと思ったり、苦しさに襲われたものでした。

このように他の人の幸福を心から喜べない、そんなことはあなただけではなく、誰にでもあることなのです。ですから、自分を非難したり、落ち込んだりしなくても大丈夫です！

他人をうらやましいと思うのは、自分が満たされていないからこそ。

ねたみの気持ちは潜在意識からの「もっと自分を満たそうよ」というメッセージで

す。つまりそれは、自分の幸福度を測る、バロメーター。ですから、そのような感情も大切にしましょう。

繰り返しますが、ねたみを抱いたからといって、自分にがっかりすることも、自分を責めることもまったくしなくてOK。まずは自分を満たすことが先決です。

もし今まさに、あなたがそのねたみの感情で苦しい思いをしていて、今日偶然にもこの本を読んでいるのだとしたら、それもまた「もっと自分を満たして」という神様からあなたに対するメッセージでしょう。

それは何よりもあなたが神様に愛されている証拠です。

自分の幸せを求め、自分を満たそうとしている人は、他の人の幸せも心から願える人です。逆に、自分を満たすことがなかなか難しい人は、他の人の幸福を喜んであげづらい状況にもあることが多いのです。

ねたみの感情が出てきたと気づいたときには、それは内なるところからの「もっと私を満たしてほしい」のサインだと受け取ってください。

そして自分を優しい気持ちで見つめ、包みこんであげて、自分にとって心地いいことをどんどん与えてあげましょう。

また、ねたみの気持ちの奥底には、あなたにとって、とてもいい資質が隠されています。

それは、先の項目でも触れましたが、ねたんでいるものが、あなたの憧れやほしいものである場合があります。つまりそれはあなたが目指したいゴールや目標なのです。

ねたみとは、憧れの気持ちがちょっと歪《ゆが》んでしまっただけのこと。ですからそれほど否定したり嫌悪感を持ったりしないことです。

柔軟な見方をすれば、**あなたも「そうなりたい」と思っている、ただそれだけ**なのですから。

それを目標に変えて、前へ進むきっかけにしていきましょう。

「他人と比べて落ち込む人」は目標達成しやすい

最初に申し上げますが、**「比べ癖」のあるあなたは、がんばり屋さん**です。

しかし比べ癖は「相手に勝っている」と思えるときは気持ちが楽なのですが、負けていると感じたときは、非常に心が騒ぎ、苦しくてしょうがなくなるものです。

では、比べてしまう癖がある人は、どうしたらいいでしょうか？

こんな言葉を聞いたことはありませんか？

「他の人と比べないようにしましょう。あなたはあなたなのです」と。

しかし、実を言うと、そんなことを言っている人がいたとしても、その人もまた、無意識に誰かと自分を比べています。

極論を言ってしまえば、すべての人は必ずや誰かと自分を比較しています。

これは皆気づいていないだけで、人というものは比較によって、自分の存在を確認していると言っても過言ではないくらいなのです。

つまり、比べることで自分と他者との違いを理解して、区別している、ということです。ただ、これは超高速で無意識に行っているので、人は自分が比べているということに気づいてすらいません。

ですから、他人と比べていつもがっかりしているとしても、落ち込む必要なしです！　**だって、誰もが比べているのですから。**

「全員が人と比較している」と、どうして言えるかというと、たとえば「私って気が強いのよね」とか「私ってのんびりしているの」などと言う人がよくいますよね？

そもそも一体何を基準に、「気が強い」とか「のんびり」しているかがわかるのでしょうか？

世の中気の強い人ばかりだと、自分が「気が強い」ということには気づきませんし、のんびりな人ばかりだと、自分が「のんびりである」ことには気づきません。

ですから、自分のセルフイメージや、性格、長所・短所が明確に言えるということは、自分では気づいていないだけで、無意識に他人と比較作業をしている、それによって自分の性格を自分なりに認知している、ということになります。

「これ美味しい〜♪」と感じることもまた、言い換えれば「まずい」という経験や、いつもの味と比べて、美味しいと言っているようなものです。屁理屈のようですが、そんなものなのです。

「あんなふうになりたい」気持ちを大切に育てる

さて、他人と比べるのはOKだとしても、ちょっと苦しいのは、自分と他人を比べて自分が劣っている、と思ってしまって落ち込む、という場合。

つまり他人と比べたことで、自分が目標とするステージにまだ到達していない、またはほしいと思うものを自分がまだ得ていないのだとわかってしまった、それで落ち込んで劣等感を抱えるというのは本当につらいものです。
この場合はどうしたらいいでしょうか?

これも視点を変えて考えてみます。

他人と比べて落ち込むことは、向上心があることの現れで、そういう人はポジティブである、とさえ言えます。

つまり、自分が到達したいステージや、自分がほしいものが何であるかが明確になっているということ。比べたことによって、それを誰かが自分よりも先に得ているということがわかっただけのことなのです。

逆にそのような人は目標を達成しやすい、という特徴があるのです。

ただ、比べたことにより、悔しくてモヤモヤとした気分の状態がずっと続いてしまう場合があります。それはちょっとだけ危険。

なぜかというと、そうやって心が抑圧された状態によって生まれるエネルギーというのは「その求めているステージに自分が行けないのではないか?」という、恐れと不安のエネルギーなので、たとえばそのエネルギーで何かがんばって行動したり努力したりしても、疲れるし、体にもよくありません。また、心が抑圧されているとやる気も出てこないので、結果を手に入れる前に息切れしてしまい、結局行動をやめてしまう可能性もあります。

成功にぐっと近づく、正しい「ねたみの活用法」

でも、他人と比べたときに、最初は「クッソー！　悔しい！　自分もそうなりたい！」と強く思って、自分を奮い立たせるのはＯＫ。なぜかというと抑圧状態をプラスのエネルギーに転換したときには、ものすごいパワーになるからです。

うまく転換するには、その比べてしまう「人」ではなくて、願いを叶えようとしている「自分の行動」にシフトチェンジすることです。

できれば、その比べてしまう「人」の情報を一切耳に入れず（脇目も振らず）、自分の「行動」に集中し、そして自分がその目標とするステージに行ったときのこと、または、自分がほしかったそれを手にしたときのイメージにフォーカスし続ける。すると心がワクワクしてきます。

そうして、**最初は、抑圧から始まったその気持ちをワクワクに変えたときに、そのパワーはずーっと長続きするようになります。**

その比べたい人のことが見たくなるのはわかります。でも気になってブログやSNSを覗《のぞ》き、その人のキラキラぶりを見たら「ああ〜ダメだ」と自分を卑下《ひげ》してしまったり、気持ちが沈んだり、落ち込んだりすることもあるでしょう。

ですから、そういう情報は一切取り入れないほうが、心が平安になって、よっぽど自分の目標へと近づきやすくなるのです。

あとは、**比べてしまう自分を否定しないこと。**「比べてもOK！」という許可を自分に出してあげたときに、その比べることによって発生していた負の感情がちょっと軽くなってくるはずです。

そもそも「比べる」という行為は、その反対側にある向上心、自分の目標、そして自分のほしいものが何かを示してくれることでもあるのですから、その弱い気持ちも全部ひっくるめて受け止めてあげてください。

たとえねたみの感情が起きたとしても、必ずやそこにはあなたにとっての「肯定的な意図」があるのですから。

比べることでちょっと苦しくなったら、声に出してこう言ってみてください。

「あら、あたしってば、また比べている〜。あははははは！」

といった具合に笑い飛ばしてみましょう。クレヨンしんちゃんや、ミッキーマウスのモノマネで言ってみたら尚よし。

何度もそうしているうちに、「プッ！」って笑える自分になっているはずです。

「怒りの感情」は自分を知るヒント

感情をコントロールする方法や、感情のマネジメントに関する書籍やセミナーなどはとても人気です。

それは「負の感情」を、うまくコントロールしたりマネジメントしたいと思ってはいても、実際にそれをやることはとても難しいからでしょう。

そうした負の感情の中で、最もよく取り上げられるのは**「怒り」**です。

そもそも「怒り」という感情が、負の感情として位置づけられる理由は、その感情を持って行動したがゆえに発生する、デメリットばかりがフォーカスされているからです。

たとえば、突発的に怒りを爆発させて相手を嫌な気持ちにさせてしまい、人間関係が壊れたとか、自己嫌悪に陥ってしまったとか……。さらには体に影響を及ぼし、高血圧、不眠、胃潰瘍などを引き起こすこともあります。

そうした悪い結果を招いてしまうゆえに、嫌われている感情です。

しかし、**怒りの感情は宝物**なのです。

それがなぜかをお伝えする前に、まずこの怒りの感情と上手に付き合う方法についてお話ししますね。

「怒り」とあえて向き合ってみる――美人のメンタル

怒りを抑えることや我慢することは「大人な対応」とされているかもしれませんが、その人自身にとってはあまりいい状態ではありません。それは、我慢に我慢を重ねていると、どんどん心が抑圧されてきて、その圧力が最大限になったときに、感情が爆発してしまう恐れがあるからです。

かといって、毎回怒って発散しましょう、と言っているのではありません。**自分にとって、いちばんいい形で上手に発散していくことが大切**なのです。

発散の方法は色々あります。

誰か信頼のおける人に話を聞いてもらう。

ノートにその怒りをぶつけて思いを書きなぐる。

相手が目の前にいると仮定して、声に出して言いたいことをちゃんと伝えてみる。

運動する。

サンドバッグのようなものを叩いて、エネルギーを外にぶつけてみるのもいいでしょう。

そのように怒りの感情を自分なりに発散をしたあとに、必ずやってほしいことがあります（完全に発散していなくても大丈夫です）。それは、怒りに関しての「書き出し」です。

最初に何らかの発散することで、意識が怒りの感情に浸っている状態から「ボン！」と抜け出ることができ、感情のフィルターを外すことができます。その状態になってから書き出しをすると、冷静になっているので、客観的に自分と向き合うことができるのです。

怒ったまま何かを考えようとしても、感情のフィルターがかかっている状態なので、冷静さが失われてしまい、正しい判断が出来ないのです。

たとえば、誰かが何か問題に陥っているところを他人が客観的に見ると、解決策がよく見えるものですが、それを一人でするという方法です。

するとそのあと、その怒りを感じた相手に対して、怒りの感情を抜きにして、自分の思いや考えを丁寧にしっかりと伝えることができることでしょう。

「大切だからこそ」怒るのです

さて、怒りの感情は、あなたにとっての宝物が隠されている重要な感情です。

なぜかというと、**怒りの感情は、あなたの軸や信念といったコアな部分を見つけることができる感情だからです。**

もし、怒りの感情が湧き上がったら、次のシンプルな質問を自分にして、答えを書き出してみてください。

「なぜ、私は怒っているのだろう？」

考えられるすべての理由、感情、答え、関連するキーワード、何でも結構です。たくさん書いてみるのです。

そうするとたいていの場合、あなたがとても大切にしているものが、他の人によって侵《おか》されていたり、または軽視されていたりしたから怒っていた、ということがわかるでしょう。

その大切にしていることは、あなたを支えているものであったりします。

場合によっては、その支えているものがあまりよくないものだったということもあるかもしれません。

たとえば、プライドや、もしかしたらわがままだったということもあるかもしれません。それでも、そのときのあなたを支えている感情であることには他ならないのです。

もしそのとき、それがよくないものだと自分で思ったら、「最善または理想の自分になるためにどうしたらいいのか」ということを考えればいいのです。

しかしまずは、自分の怒りの奥底を見つめてみることで、そこに必ず、自分を支えているものや、自分が大事にしている「肯定的な意図」を見つけることができます。

私は、普段あまり怒らないのですが、あるポイントになると、瞬間湯沸かし器のように頭に血が上るときがあります。それがどんな場合か冷静に考えてみると、たとえば、それは私の愛する家族や友人が攻撃されていたときだったのです。

この怒りの先にある私を支えている軸とは何でしょうか？　それは、愛する人を守りたい、愛する人に笑顔でいてほしい、という肯定的な感情なのです。

また、他の怒りのポイントとして、私はウソをつかれることがとても嫌というのがあります。それはその怒りの先に、私自身が正直でありたい、誠実に生きたい、ということに価値を置いているという肯定的なものがあるからなのです。

怒りは、一般的にはマイナスの感情と言われているかもしれませんが、実を言うと、プラスもマイナスもありません。怒りの奥底には、あなたが大切にしている信念が隠されているからです。

さて、いかがでしょう。あなたの怒りの先には何が見つかりますか？

ぜひ怒りも悲しみも、そして「負の感情」と言われている感情すべてを嫌わないでください。本当に**いらない感情などない**のです。

怒りの感情から肯定的な意図を見つけたときに、それはあなたにとって、宝物のような自分軸となることでしょう。

「無理して笑わない」のススメ

「とりあえず笑っとけ！」

これは、私がいつもブログの読者様にすすめていることの一つです。

ちょっとイライラしたときでも、ちょっと悲しいときでも、つい怒りたくなりそうなときでも「とりあえず笑っとけ！」。それは、口角を上げただけで脳はハッピーだと勘違いして、メンタルが落ち着いてくるからです。

しかしこれにはポイントがあります。それは、**ちょっとだけマイナスの感情を持った場合に効く**、ということです。

「笑う門《かど》には福来《きた》る」とは言えども、自分の感情を無視した笑いは、メンタルにとっては非常に危険です。

ここではあなたに強くおすすめしたいことがあります。

それは**「無理して笑わない」のススメ**。

すごく寂しいとか悲しいとか、不快だとか怒っているなど、強いマイナス感情を持っている場合、その感情を相手に知られないように隠していつも無理して笑っていると、それが溜まったときに、感情のバランスが崩れてしまい、感情が壊れてしまうのです。

これはがんばり屋さんに多いのですが、それがひどくなるとうつ病にさえなってしまうことがあります。

「嫌われてもいい」と開き直ると案外上手くいく

自分が常に心地いい感情でいて笑顔でいると、なぜか自分の周りも笑顔で素敵な人ばかりが引き寄せられてくるものですが、**自分の感情と裏腹に無理して笑っていると、変な人が集まってきます。**変な人とは、あなたにとって合わない人。

あなたを利用しようとしたり、他人の気持ちを考えられない人や、ひどいことを言う人などが周りに集まってきて、振り回されてしまうものです。

周りの人に嫌なことを言われているのに、ヘラヘラと笑っていませんか？　感情を押し殺して疲れ切って、家に帰ってからドーンと落ち込んだりがっかりしたり、悲しんだり、あとから怒り出したり……。

自分の感情を無視してばかりいると、どうしていいかわからなくなるものです。つまり心が壊れる感じ。

ひどいことを言う人が悪いと人のせいだけにするのではなく、ひどいことをいつまでも言われるままにしておかず、自分の感情を正直に相手に伝えてみましょう。それはとても大切。

自分の心を守るために。

悲しいときには、悲しいです、と言えること。
不快だったら、不快です、と言えること。

無理なときには、無理なんです、と言えること。

そのままストレートに言わなくても、自分の嫌な感情を隠してヘラヘラ笑わず、上手に配慮しながら自分の気持ちを相手に伝えればいいだけ。

上手な伝え方はスキルで何とでもなります。ちょっとしたコツを学ぶだけで、自分の感情を無視することなく、相手にもその感情を伝えることができます。

たとえば、あなた（A子ちゃんとしましょうか）をいつもからかう同僚（B子）がいたとします。

B子は、「なんかさー、A子の服ってさ、いつもブリブリだよね～」とあなたに言い、あなたは本当は心の中では自分のファッションを小バカにされているようで、カチーン！　ときているのに、いつもヘラヘラ笑って「そうなんだよね～。私ファッションよくわからなくって、こういう服ばかりになっちゃうんだよね～。あはは……」と言ってしまう。心の中では泣いていたり、怒っていたりするのに。

もしかして相手はバカにしているつもりはないのかもしれないですが、あなたが笑っているものだからあなたの感情が見えません。それで、カチンときていることも知らずに、また同じようなことをあなたに言ってしまう……。

そんなときは、まず自分の感情に寄り添い、その感情通りの表情をします。

たとえば、ちょっと寂しそうな顔やがっかりした顔、もしムッときたならばちょっと怒った顔になるでしょう。そして、こう言ってみてください。

「なんだか、B子（相手）にはファッションのことで褒《ほ》められたことないから、自信なくすなー。はぁ〜。傷つくわ〜」って。

あなたにこう言われた相手は意外にびっくりするかもしれません。

なぜなら多くの人は、自分が他人を傷つける、ということに恐れを持っているから。どんな人であっても、元来人間とは、自分が他人を傷つける人間だとは思っていない生き物ですから、相手に傷ついた、と言われるのは結構ショックなものです。

感情にいつも蓋をする癖をつけてしまうと、心が無感覚になっていくもの。

ですから、その自分の感情に近いことをちゃんと相手に伝えられるように、ちょっと工夫してみましょう。それだけで、驚くほど相手との関係もよくなり、そして自分の人生も好転していくのを感じていくことでしょう。

この際、「相手に嫌われるかも」という恐れをなくしましょう。

極論を言えば、そんなふうにあなたを傷つける相手と無理して親しくする理由なんてありませんから。「離れていってもらって結構！」くらいの気持ちでいましょう。

無理して笑ってばかりいると、感情がおかしくなり心が壊れることがあるので、どうか、決して無理しないで、あなたのその本音の感情に気づいて、寄り添ってあげて、大事にしてあげてくださいね。

そうすると、健全なメンタルが構築されていきますよ。

第2章

〝ネガティブ〟はあなたの魅力を深める「宝物」

――人に優しくする前に、自分に優しくしてあげよう

「幸せ競争」をやめよう

一昔前に流行った言葉、「勝ち組と負け組」。

何をもって勝ちか負けかを決めるのか、結婚、出産、そして夫の収入などといった判断基準はもう終わっていると思いきや、いまだに女性の中には、そういったもので勝ち負けを感じている人も多いようです。

あなたはいかがですか?

第1章でも扱った通り、そのような思考をしてしまうのは、人が他人と比べる傾向を持っているからに他ならないのですが、実際のところ、**他人と比べて幸せだと感じる必要などあるのでしょうか?**

人によっては無意識に「幸せ競争」をしています。一般的に多くの女性たちはどのようなもので「幸せ競争」をしているのでしょうか？　たとえば……。

ブランド物やジュエリー、洋服など、友達がファッションで何か新しいものや素敵なものを身につけていると対抗心を持ってしまう。とりわけ、美意識の高い女性などは、外見の美しさ、若さなどを他人と比べてしまうものです。

恋愛・結婚に関しては、他人が結婚すると聞くと過剰に反応してしまったり、結婚する友達に心から「おめでとう」と言えなかったり。仕事の面では、職種や年収で他人と競ったり、誰かがキャリアアップしたなんて話を聞くとつい、焦ってしまう……。

一般的にこのようなことで、知らず知らずのうちに〝他人の庭〟を覗いては、幸せ競争をしている人が多いのです。

ですが、**自分に「ないもの」を見るのではなくて、「あるもの」を見るようにすると、この「幸せ競争」という、ただ疲れるだけの無意味なマラソンからリタイアできます。**

この競争は苦しくて、体に悪く、心も歪ませてしまいます。自分の大切なハートを傷つけてしまうのです。

たとえば、誰かと比べて競争して「美しさ」を得たとしても、「その人に勝ちたい」という、あまり心地よくない動機によるために、結局どこかギスギスした波動が出てしまうもの。

どんなに自分磨きをしても、そういう思考をしていると、あなたの存在そのもの、オーラがくすんでしまうのです。

幸せは「なる」ものではなく「気づくもの」

他人と競争することで美しさを得ようとするより、自分らしい自分なりの美しさを追い求めたほうが断然素敵です。

もし、誰かと比べてしまう自分がいたら、そんなときはこんな自問自答をしてみましょう。

たとえば、あなたの友達が新しいブランドのバッグを買ったとしましょう。そのとき「私もほしい！」と思ったら、次のように自分に質問をし続けてみてください。


「なぜ、それがほしいの？」

「〇〇さんが持っているからほしい」

「〇〇さんが持っていると、なぜほしいの？」

「〇〇さんは素敵だから。〇〇さんに憧れている」

「なぜ、〇〇さんは素敵なの？」


……といった具合に「自問自答」していくと、自分の本音が見えてきます。この場合は、そのブランドのバッグがほしい、というより、もっと先に**「〇〇さんのように素敵になりたかった」**という動機があったことが見えてきます（答えが皆このようになるとは限りません）。

繰り返しますが、勝ち組も負け組もありません。**他人との幸せ競争をしている暇が**

あったら、自分磨きをしてイキイキしていたほうがいいでしょう。

自分に今あるものを数えて、「今自分は幸せだな〜」「ありがたいな〜」と思えた瞬間、幸せ競争の苦しくて不毛な闘いが終わり、今すぐにでも幸せになれるのです。

そうすれば全部勝ち！

幸せは、なるものではなく、気づくことだから。

「ムダな意味づけ」をやめてみる

人生ムダなことは何一つない。経験はすべて宝である――。

よく一般的にこのように言われています。

自分がのぞんでいないのに起こる様々な出来事というのは、何か意味があって起きるという「必然の出来事」という考え方がありますが、私もそれを信じています。

しかし、その起きた出来事に必要以上にムダな意味づけをしてしまう、ということによって自分を不幸にしてしまう人が多いのも事実です。

女性は事実をただの事実として受け取ることが、脳の構造的にもちょっと難しいようです。

女性には、感情というフィルターを通して物事を見て、勝手な判断をしてしまう、そんな傾向があるので、つらい出来事などは、事実よりも大げさに受け止めてしまいがちなのです。


たとえば、「彼氏にフラれた」という出来事があったとします。

「フラれた」という「事実」以外には、フラれた「原因（たとえば他に好きな人ができたとか）」、明日からもう自分が一人であるという「現実」などもありますが、そこにムダな意味づけが始まるのです。


なぜ、フラれてしまったんだろう？

そっか……私は美人じゃないからダメだったんだ。

なぜ、彼は他に好きな人ができてしまったんだろう？

私はおもしろい会話もできないし、彼にキツいことを言ってしまったこともあるし……。

もう私には一生、彼氏なんてできないかも……。
もしかしたら、このままずっと一人っきりなのかな。
結婚もできないし、ということは、子供も作れないかも……。

といった具合に「フラれた」という事実に、どんどん落ち込むような要素を付け加え、実に多くの意味づけをして事実以上に問題を大きくしていくのです。しかも、こういった考えはエンドレスに続いたりするものです。

そんなふうに自分を責めたり自分いじめが始まると、まるで悲劇のヒロインのようになって深みにはまったり、自己嫌悪になったりします。

それだけでなく、**この思考の癖が不幸せ思考をどんどんつくり、何かあるたびに、同じ思考回路で、事実以上の不幸を受け取ることになる**のです。

実のところ、出来事に「いい」も「悪い」もない

これは、私も以前経験があります。20代のとき、自分を責める傾向があった私は、いつも事実以上のマイナスな意味づけと想像で自分をいじめ、どんどん心が苦しくなっていきました。

さらに自分をいじめる傾向は他人を批判（心の中で）する傾向にも繋がっていきました。

内面は外見にも影響を与えますので、そうなると、顔もかなりブサイクになっていきました。なんせ、毎日自分で自分をいじめているわけですから。

これは、どんなに容姿がよくない子供でも「かわいい、かわいい」と言われ続けたらかわいく育ち、どんなに容姿に恵まれて生まれたとしても「かわいくない！」と言われ続けた子は、ブサイク顔になっていくのと同じです。

もしあなたもそうした「ムダな意味づけ」で苦しい経験をしているならば、これか

ら、**現実だけ、事実だけを受け止めるトレーニング**をしてみてください。

それは、無感情になれ、というのではありません。これまで述べてきたように、起きた現実に対して喜怒哀楽の感情が湧き起こったら、その感情に思う存分浸ります。

そのあとは、

事実以外のことは考えない。
マイナスやネガティブな想像は一切しない。

もしフラれたとしたら、「彼と別れた」という事実のみで十分なのです。

嫌な出来事は、事実だけを受け止めるようにする。

そんな思考が癖づけられるようになると、時間をムダにすることもなくなりますし、健全なメンタルも維持できるようになることでしょう。

そして、思っているよりも、問題が小さく見えてくることに気づくでしょう。

「コンプレックス」が女性を美しくする

誰もが一つや二つ、外見的なコンプレックスというものを持っていることでしょう。

コンプレックスは美しさを阻《はば》むものと思われている方も多いと思うのですが、実は逆。

コンプレックスがあるからこそ、女性は美しくなるのです。

コンプレックスの程度に関しては、軽いものから重度のものまでありますが、コンプレックスの対象となるものは、基本的に二種類に分けることができます。一つは、絶対に直らないもの。もう一つは、何か手段を講じればどうにかなるもの。

あなたのコンプレックスはどちらからくるものですか?

太っているとか肌質が悪いとか、目が小さいとか鼻が低いとか、胸が小さいとか……こういったたぐいのものなら、何かの手段を講じて努力と継続で何とかなったりします。「直したい!!」って本気ならばの話ですが。

「何ともしがたい欠点」こそ、あなただけの〝魅力の種〟

コンプレックスとうまく付き合うためには、まずそのコンプレックスを否定しないこと。

否定してしまうということは、自分自身を否定してしまうことになるからです。

米国ブラウン大学のキャサリン・フィリップス博士は、容姿をあまり気にしすぎると「身体醜形障害《しんたいしゅうけいしょうがい》」という精神的な病気になることについて述べています。彼女によると、自分の容姿に欠陥があると思い込み、それが頭から離れなくなって自分は醜いと信じ込んでしまうと、友人や家族との接触を避けたり、うつ病や自殺を考えてしまうこともあるそうです。

コンプレックスは「個性の一部」と考えましょう。それも自分の中の一つ！　と割り切って受け入れるのが、いちばんの対策なのです。

かのオードリー・ヘップバーンでさえ、自分の顔にコンプレックスを持っていました。多くの女優さんたち、モデルさんたちもコンプレックスを持っているものですが上手に付き合っています。

「上手に付き合う」とは、それらを受け入れた上で、そこを目立たなくさせるために他に美しさを表現出来るところを探したりして、自分を美しく魅せるのです。

それは隠すだけではなく、あえて見せることで目立たなくさせるという方法もあります。

つまり、**コンプレックスにちゃんと向き合うと、それらをカバーする方法も見つけることができる**のです。

背が低かったら、ハイヒールを履いて歩けるように努力するでしょうし、太っていることが自信をなくす原因となっているなら痩せればいいのです。痩せることに本気になれない場合は、そのコンプレックスは大した問題ではないのです。

胸が小さかったら、バストエクササイズやいいブラを付けて育乳に励めばいいですし、それでもどうにもならなければ豊胸だってできます。外科的な手術をすすめるわけではありませんが、そのコンプレックスのために一生自信を持てず、暗い気持ちを引きずり続けるよりは、整形だって選択肢に入れればいいのです。

しかし、もっと深刻なコンプレックスを持っている場合はどうしたらいいでしょうか？　私の昔の友人の話をいたしましょう。

友人がこっそり私に打ち明けてくれたこと

もう20年以上も前の話です。顔にコンプレックスを持つ友人がいました。しかし、とてもかわいい顔をしているので、彼女がコンプレックスを持っているなんてまったくわかりませんでしたが、どことなく暗く自信がない感じが漂っていました。

あるとき、その女性を含む数人でペンションに泊まりに行くことになりました。そのときに私は彼女のコンプレックスを知ることになるのです。

彼女がお風呂から上がったときに、私の前に座ってこう言いました。「目立つでしょう?」と。私は、目が悪いのですが、その言葉が何を意味するかはすぐわかりました。

彼女は私に「メガネをかけて、私をみて」と言ったので、メガネをかける間、私は何て彼女に声をかけようかと考え、頭の中がフル回転していました。メガネをかけて彼女を見たときには、メガネをかけなかったときより、鮮明に、彼女のコンプレックスとしていることが、私の目に飛び込んできました。

顔の真ん中に、直径三センチほどの大きな青いアザがあったのです。

それは鼻の頭をすっぽり覆うほどの大きな濃い青アザでした。当時の彼女はそのコンプレックスのせいで、男性とも付き合ったことがありませんでしたし、結婚も考えていなかったようです。

きっと、私とのお泊まりは彼女にとってはすごく勇気のいる決断だったと思います。でも、そのときに何か、彼女の中でしがらみが一つ消えたようでした。ちょっとしたスッキリ感があったようで、その後、彼女は前よりも私の前で明るくなったのです。私と彼女は、より一層仲良しになりました。

女性の魅力はこうして輝きを増していく

コンプレックスがある人におすすめしたいのは、深刻なコンプレックスも含めて、彼女のように、**信頼のおける人にそれを打ち明けてみる**ということです。

実のところ「私、胸が小さいことがコンプレックスなんだー」と軽く誰かに言えている人は、本当のコンプレックスではないのです。本当のコンプレックスは人に話せない、隠しておきたいものだから。

しかし、**勇気を出して誰かに打ち明けた途端、そのコンプレックスは少し軽くなり、心は前向きになるはずです。**

もしかしたら打ち明けた人から「えー？　そんなの気にするほどじゃないよ。全然気にならなかった」と言われるかもしれませんし、「彼氏に言えない」と悩んでいるとしても、相手からすれば「え？　そんなの気にならないよ」で済む話かもしれません。本当にあなたを内面から愛している人なら、そんなことはまったく関係ないのですから。

人は、自分のコンプレックスを、拡大鏡で10倍にも20倍にも膨らませ、加えて想像もプラスして見ていることがあります。しかし他人はそこまでじっくり見ていないもの。一種の自意識過剰に陥っている可能性があるのです。

いいところを目立たせれば、コンプレックスはどんどん小さくなるもの。コンプレックスがきっかけで、他の美しさを目立たせようとした結果、外見的により美しくなる女性はたくさんいます。

そして、**コンプレックスと上手に付き合うと、内面が輝き始めます。そうやってイキイキしている人は、それが魅力となって内外共に全体が美しく輝いていく**のです。

「ちやほやされたい、目立ちたい、お金持ちになりたい！」と口に出して言ってみる

あなたは、「ちやほやされたい、目立ちたい、お金持ちになりたい」そんなことを思ったことはありますか？

思ったことくらいは誰にでもあるかもしれません。そもそも人は誰でも、**「自己の重要感（価値ある存在であると思いたい）」**とか、**「承認欲求（認められたい気持ち）」**を持っているものです。

ですから、「ちやほやされたい」とか「目立ちたい」というのは基本的な人間の欲求に入る当たり前の感情なのです。

また、「お金がほしい」というのも本音を言えば誰もが思っているはず。どんなにあっても困らないもののナンバー1はお金かもしれません。

では、さらにお聞きしたいと思います。

それを他の人に言ったこと、公言したことはありますか？　つまり、こんな感じに。


「聞いてください！　私、目立ちたいの！　みんなからちやほやされたいの！　すごいって言われたいの！　○○さん、素敵ー！　って言われたいの!!」

と人に言ったことありますか？

もしくは、「お金すごくほしい〜！　お金持ちになりたい〜!!」と。


あまりこういうことを公言することはないかもしれません。

なぜならそんなことを言うと、「はしたない」とか「あなたどんだけ目立ちたがり屋なのよ」とか「厚かましい」とか、思われてしまうかもしれないと恐れるから。

「お金がほしい」と言うことなどは特に、下品だとか金の亡者とか思われるかも……と考えてしまうかもしれません。

これが言葉のすごいチカラ!

しかし、私がこれまでコーチングセッションを行ってきた中で、多くのクライアントがそのような「ちやほやされたい、目立ちたい、お金持ちになりたい」というセッションテーマを挙げていました。

それは、どんなに人には言いにくいような欲望や願望であっても、コーチには絶対否定されることがない、とクライアントは知っているので、コーチの前ではそのことを口にできるのです。そして私は、彼らのその願望の応援をしてきました。

セッションでは、クライアントに思う存分楽しくそのテーマについて語っていただきます。金銭的に豊かになること、人様の前に立ち大きな拍手を受けること、異性からモテモテになることなど、そういったことを願うことは恥じることでもなければ、隠すことでもありません。

コーチは「目立ちたいの? そうなんだ! 何でそう思うか教えて」といった具合

に、相手の感情のエネルギー値に合わせながら、否定なしにクライアントの話を聞くことで、クライアントの願いの背後にあることが何かを探っていくのです。

さらに、もし実際にちやほやされて、目立って、かつお金持ちになったら、どんな気持ちになるかをイメージしてもらい、思う存分語ってもらいます。するとクライアントはとても気持ちよくなります。

一般的にはなかなか言えないようなことを、思う存分話せることがどれだけ気持ちのいいことか想像できるでしょうか？

そして、それを心から肯定し、応援してくれる人（コーチ）がいる、そうなるための方法を教えてもらったり、リソース（その人の持つ資源）を引き出してもらったりして、自分のアイディアを広げていく……。

こうして自分の気持ちを思う存分のびのびと語れると次はどうなると思いますか？

不思議なことに、多くの人々が**その欲望、願望への執着がなくなっていく**のです。「言ったらスッキリした」という感覚になったり、それが自分にとってのゴールではないことに気づいたり、あとで「その願いは違っていた」と言われる方も多いです。

執着を手放すと「見返り」がやってくる

しかし、おもしろいことに、そのように**執着がなくなると、逆にどんどんその願望が実現の方向に向かっていく**のです。お金は入ってくるようになりますし、最初に言った通り、周りから賞賛され、ちやほやされ、ある意味目立つ立場にほとんどの方がなっていきました。

私たちは、自分の願望を言うことをためらい、恥ずかしいと思うものです。もし実現できなかったらと思うと、恐くて誰かに話すことができない。

しかし、一生のうちで一度でもいいので、なかなか表には出さないような自分の願望を誰かの前で思う存分言うことができたら、どんなに気分がよくなるでしょう。そして、それを、心から応援してもらい、自信を持つことができたとしたら……。

ぜひ、信頼のおける人、あなたの本音をきちんと受け取ってくれる人に、自分の

「野望」「欲望」を言ってみてください。

ただ注意点として、伝える相手は慎重に選ばなければなりません。なぜなら、世の中は**「夢をブチ壊す人、否定する人」**のほうが多いからです。

そういう人はあなたがワクワクして夢を語れば語るほど、あなたが聞いてもいないのにリスクを列挙したり、「そんな簡単にいかないって」とたしなめたりします。

聞いてもらえる相手が一人でもいるなら、それはあなたにとって宝のような存在です。もしそのような友がいなくても、信頼出来る素晴らしいコーチは世の中にたくさんいるので、コーチングを受けてみるのもおすすめです。

頭や心で思っているという行為と、実際に言語化して、他人にその願望や野望を話すという行為は、まったく違うものです。

「ちやほやされたい、目立ちたい、お金持ちになりたい」と、それを受け入れてくれる人に言ってみる、おすすめです。

「インナーチャイルド」を癒す方法

誰でも心の中に**「小さな自分」**が住んでいます。この小さな自分を「インナーチャイルド」と言います。

インナーチャイルドとは、子供の頃の「記憶」や「心情」または「感情」のこと。別の言い方をすれば、**「自分の中に住んでいる小さい頃の自分」**です。

その「小さな自分」は、「大人になったあなた」に大きな影響を与えます。

小さな自分が悲しめば、今の大人のあなたも悲しくなる。小さな自分が喜べば、今の大人のあなたも喜ぶ。

だから、子供の頃に傷つき、この小さな自分の傷が癒えていないままだと、大人になったあなたも傷ついたままなのです。

子供というのは、自由で、創造する力があり、エネルギー値が高く、立ち直りも早く好奇心に満ちている……そういう本質を持っているものです。

しかし、周りからたくさん傷つけられてきて、「小さな自分」が自信を失ってしまっていることは少なくありません。

そんな場合は、子供の頃に受けた傷を、あなたが癒してあげましょう。

そう、**その小さな子供の自分を喜ばせたり悲しませたり、傷を癒したりすることができるのもまた、今の大人のあなただけ**なのです。

まずは「あのときの自分」に言葉のプレゼント

「小さな自分」を癒すには、つらかった過去の自分に会いに行ってみることです。あまり型にはまる必要はありません。楽な気持ちでやってみてください。

たとえば、つらかったのが10年前なのだとしたら、「10年前の自分」です。

私が、生きているのも大変だったのは、17年前。

本当に幸せではありませんでしたし、この世から消え去りたくて、毎晩枕を濡らしていました。

そのくせ、そのつらさは周りに1ミリも見せていなかったので、本心と現実の行動のギャップが大きすぎて、心身ともに大分ダメージを受けていました。

私の場合は、17年前の泣いている自分を回想します。

そして、今の私がその泣いている自分に近づいて、ハグしながらこう言います。

「大丈夫だよ。つらくて苦しいのはあと少しで終わるからね。

今は出口のないトンネルの中に入っていると思っているかもしれないけど、あとちょっとで抜け出せるよ。

そして、10年後のあなたは、世界一幸せって思えるようになっているからね」

そうやって優しく声をかけてあげます。

すると、17年前の自分は、

「本当？　それにあなたは本当に17年後の私なの？
今の30歳の私よりも若く見えるけど？」

なんて言ったりしています。まあ、想像の世界なので、自分の好きなようにセリフを考えてもいいでしょう。

このようにして記憶をどんどん遡《さかのぼ》り、つらい経験をしていたときの自分に会いに行き、そのときの自分を励ましていきます。

それは、何歳の自分であっても、何回でも構いません。

そして、**「あなたなら大丈夫だよ」**と声をかけてあげてください。

こうして、すべてのつらかった時期の意味づけをよいものに変えてくるのです。

「3歳の自分」にしてあげること

最後に、「3歳の自分」を励ましにいきます。

個人差はあるものの、記憶が残るのは早くて3歳くらいと言われています。

あなたの記憶に残る無邪気で幸せな自分を思いっきり抱きしめてあげてください。

私の場合はこうです。3歳の私は無邪気に笑っています。何の不安もなく、毎日が楽しく、お兄ちゃんと遊んで楽しい生活をしているようです。

でも、なぜか私は3歳の自分に会いにいくと、涙が出てしまいそうになります。そして、必ず「ゴメンネ」という言葉しか出てこないのです。

この無邪気に笑っている3歳の子に、これから人生の荒波に揉《も》まれて人生を捨てたくなってしまうときがくる、そう考えると胸が押しつぶされそうになるのです。

3歳の私は「何で泣いているの?」と、今の大人の私に聞きますが、私は何も答えられません。

しかしそれでも、この3歳の自分はそれを乗り越える力がある、そう信じて、ニコニコ笑っている小さな自分を力一杯抱きしめてきます。


あなたなら、過去のつらかったときの自分に何を言いたいですか?

そして、3、4歳の小さい自分には何と言いたいですか?

もし、子供のときに傷ついた自分がいるならば、自分の子供を慰《なぐさ》めるように、励ますように、幼い自分をしっかり抱きしめて、元気づけてあげてください。
そのつらかったときの自分にエールを送り、イメージの中で笑顔になってもらってください。

「過去を振り返らず、前だけ見て生きていこう」というのもありかもしれませんが、イメージの中で過去の自分に会いに行き、そのときの問題を完了させてくることで、今の自分によい影響が与えられ、癒しになることもあるのです。どうぞリラックスしてやってみてください。

一つだけ注意点として、強いトラウマや恐怖症などを抱えていらっしゃる方は、自己流でやらず、プロの指導の元、誘導されながらインナーチャイルドを癒すこと。それをおすすめいたします。

「他人との違いを受け入れる」と楽になる

人は生きている限り、絶対に他人と関わっていかなければならないものです。

ときに人間関係が嫌になり、「もうすべてを投げ出して、隠遁《いんとん》生活したい！」と思ったりすることはあっても、もし実際にそれをやってみたらきっとすぐに寂しさに耐えきれなくなり、長くは続かないことでしょう。

人は、一人では生きてはいけないものです。それに正直なところ、自分の価値というものは、他の人との関わりの中から見出すことが多いのです。

「マズローの欲求五段階説」というのがあります。

アメリカの心理学者アブラハム・マズローが**「人間は自己実現に向かって成長して**

行く生き物である」と仮定して、人の欲求を五段階で説明したものなのですが、その三段階目に「親和《しんわ》欲求《よっきゅう》（愛と所属の欲求）」と、四段階目に「自我の欲求（認知欲求）」というのがあります。

これはつまり、**集団に属したい、認められたい、愛されたい、感謝されたい、そのような欲求を人は誰しも持っている**ということです。

つまり、生きていく上で他人と関わることは切っても切れないものなのです。であるならば、心地いい人間関係を培《つちか》っていくことができれば、生きていくのだって楽しくなるのです。

「私」以外は、「私」ではない

他者と心地いい関係をつくっていくためには、**「他人との違いを受け入れる」**ことが大切です。

私たちは、なかなか自分と他人の違いを受け入れることができずに、他人に対してイライラすることがあります。

「普通はこうなのに……」と、自分の常識や基準を相手に押しつけてしまったり、反対に、あなたが求めてもいないのにアドバイスをしてきて、あなたを思うようにコントロールしようとする人がいたり……。

もしそのようなことでストレスを抱えているならば、可能ならまずは人間関係の整理をすることをおすすめいたします。

さらに、あなたのことを勝手にコントロールしようとしてくる人がいたなら、「やめて！」と断るべきでしょう。

「他人は変えられない」ならば……

ただ、関わらなくてもいい相手なら関係を絶てばよいのかもしれませんが、それが親族関係、仕事関係、学校関係……など、絶対関わらなければならない相手ですと、簡単に関係を切るわけにはいきません。

そういう場合は、自分の中で上手に「思考の転換」をしないと、ちょっとしたことですぐにイライラモードになってしまうかもしれません。

では、上手に思考の転換をするにはどうすればいいでしょうか？

それはつまり**「他人の思考は全員違う」ということを肝に銘じて受け入れる**こと。

受け入れるということは、他人と自分が違っても気にならなくなる、ということです。相手をコントロールしようとしないこと。すると他人に対してイライラせずにスルーできます。自分は自分、他人は他人なのです。

こんなことを書いている私でも、ときどき他人に対して「はぁ〜？　何それ！」と思うこともあります。

でも、この「はぁ〜？」が、あとで考えるとこれまたおもしろい。まさに人間関係の学びになっているのです。

自分の「はぁ〜？」と思う感情と正直に向き合うことで、大きなものを得られます。

人生の責任は、本人にある。
他人の人生は、他人のもの。
他人の決定は、その人の責任。
そして、自分の人生は、まるまる自分の責任。

他の人と自分は違っていて当たり前。生まれた場所も違えば、家庭環境も違えば、親の価値観だって違う。生まれた年代さえ違う場合もあり、これで価値観が同じであるほうがおかしいのです。本当に「違っていて当たり前」なのです。

そこをしっかり理解できると、イライラモードも収まるものです。

また、他人に対してイライラしたときは、そのイライラに意識を集中させないこともポイントです。集中すればするほど、そのイライラは10倍にも20倍にもなって大きく自分にのしかかってくるものです。

他人にイライラしたときには、すぐに別のことにフォーカスする。この癖づけが楽チン思考のコツです。

それでもまだスルーできない自分がいたら、そのイライラからまだまだ学びがあると思って、思いっきり悩んでみるのもいいでしょう。

思考の違いは個性の違い。
言葉の発し方の違いも個性。

なぜ他人が自分と違うのかを悩み考え、そこに無意味なエネルギーを使うよりも、何か別のこと、もっと自分のためになることに時間を用いたほうが有益ですものね。

「執着」と「あきらめない」の違いって？

ここでは**「引き寄せの法則」**についてくわしくお話しします。

それは簡単に言うと、願ったことが現実になる、とか、ほしいと思ったものが引き寄せられる、などの「宇宙の法則」。

基本原則としては、**「いい気分でいること」**と**「願ったことに執着しない」**ということ。それだけで、おもしろいように色々なことを簡単に引き寄せることができるのです。

しかしながら、後者の「執着しない」ということに多くの人々は難しさを感じているようです。

そして夢を叶えるのに、「執着」と「あきらめないこと」を混同している人もいます。

「引き寄せの法則」は、ほしいものがあったりなりたいものがあるとき、「あれがほしいな～。こうなりたいな～。わ～、楽しそう。エヘヘヘ」と、**執着なくその感情を楽しみ、そしてその感情に心や行動が調和できたときに、現実として引き寄せられるという法則**です。

これは、法則だから数学の方程式みたいなもの。その法則がわかると「これは奇跡か？」というようなびっくりするような形で望んでいたことが訪れてきます。

それはまるで紅海が割れて海底を進んでいくモーゼのように、感情、心、行動などが調和した途端、すべて天にお膳立てされるかのような奇跡が起こるのです（それは奇跡じゃなくて法則なんですけどね）。

私もたくさんのことを引き寄せてきました。

お金も人脈もほしいものも、いつも心地いい気持ちで、「あってもなくても幸せ」

という執着のない状態で願ってきました。願ったことさえ忘れていることもありました。

でもそんなときこそ、その引き寄せは起きるのです。

出版に関しても当然引き寄せが働きました。

「本書いてみようかな」とワクワクして考えたら、その数日後に出版社から声がかかりましたし、ある時などピンポイントで、「○○出版社から本を出してみたいな」と思った途端、翌日その出版社さんとのご縁が繋がりました。

これは法則ですから、驚くべきことでも自慢でもなく、誰でもコツさえわかれば簡単にできることなのです。

「気持ちがワクワクする！」がサイン

話を元に戻しますが、執着とあきらめない、の違いについてお話ししますね。

執着しているときというのは、手に入らないことへの恐れと不安、そして欠乏感や

不足感がつきまとっています。そうした感情が絡んでいることによって生まれる心の状態を「執着」と呼びます。

一時的にはそれらの感情はかなりのパワーがあるので、そうした感情が原動力となり、いっきに何かをやり遂げることができたりします。あくまで何か行動を起こすきっかけになるならば、スタートダッシュに執着を利用してもいいでしょうし、それによってうまく波に乗れればそれもよいでしょう。

しかし、いつまでも執着があるということは、常に裏側にある負の感情にモチベーションが支えられているということです。

その状態は苦しいので長続きさせるのがとにかく大変。

しかも立ち止まったらそれまで築いてきたものを失うかもしれない、そんな恐れがあるので疲れても疲れても立ち止まることもできない、ある種、強迫観念に似たものに縛られているがゆえに生まれるエネルギー、それが執着なのです。

では、あきらめないというのはどういうことなのでしょうか？

夢や目標に執着していない場合、それに向かって行動しているときというのは、大

変なこともつらいことも含めて、「楽しくって楽しくってワックワク！」の状態です。

これはあなたも経験があるのではないでしょうか？

行動していて楽しいから、叶う叶わないに関係なく、行動を続けたい。それが「あきらめない」ときの心の状態です。

そういうとき、人はとてもいい波動を発し、意識や言動もいいものになっています。

そういう状態に「なりたいな〜」「ほしいな〜」と思う心地、いい感情がうまく調和すると、拍子抜けしてしまうほどすんなり願いが叶うのです。ときには奇跡に見えるかのような変化があることも。

それが思考の現実化、引き寄せの原点です。「執着」と「あきらめない」に違いがあるとしたらそこです。

どんな小さなことでもいいので、この引き寄せの法則を体感してみると、だんだんもっと大きな願いも叶えられるようになります。

もし、とても現実的ではない願いだとしても、執着なしに気持ちよく行動してみたら、さほどの努力もなくサラッと手に入れることができてしまったりするのです。

まとめると、「執着」は、何かを手に入れるための行動をしているときに、競争心や恐れや不安などといった、つまり「抑圧された感情」があること。

「あきらめない」というのは、設定したゴールに向かうのに、ワクワクと楽しさという感情で満たされていて、多少の面倒くさいことも、努力も、すべてが楽しい、ということ。だから継続も楽チンにできる。

すべては「楽しく楽に」引き寄せられるのです。

ときには思いっきり泣いてみる

子供は、悲しいことがあれば泣き、悔しいことがあれば泣き、素直に自分の感情に従って号泣します。これはストレスを溜めない方法を無意識に知っているからです。だからそのあとケロッとしてまた笑っているものなのです。

しかし、大人になると、感情を出すことは恥ずかしいこととされるので、悲しい気持ちや悔しい気持ちになっても、それを我慢して、涙がこぼれそうになると唇を噛んでこらえるようになります。そして、そのまま「泣くこと」を忘れてしまうのです。

しかし、そんなに我慢する必要はないと思いませんか？

もっとたくさん泣きましょう。

大声出して号泣しましょう。


特に、号泣はおすすめ。号泣には、大きな呼吸をすることと同じ効能があるのです。

さらに、泣くことは、脳内の不要になったアドレナリンやノルアドレナリンといった交感神経を刺激するホルモンを蒸散してくれる作用もあるので、大きなストレス発散となります。泣いたあとスッキリするのはそういう理由からなのです。

悲しみを中途半端なままにして笑いでごまかそうとすると、あとでモヤモヤした感情が湧き上がり、それに支配されてしまうことがよくあります。

悲しみを感じたら素直にその感情を受け止めて、その感情を味わいきる……このプロセスが大切なのです。


「アルトシューラーの理論（同質の原理）」というものがあります。悲しいときには悲しい音楽を聞いて思いっきり泣くのがよいと言われています。

自分の悲しいという気持ちを、その悲しい音楽が代弁してくれて、心が慰められるのです。

そしてそのあとには少しずつ元気な音楽を聴いたり、お笑いのＤＶＤを観たり、笑える本を読んだり、いつも笑わせてくれる友達との会話を楽しんだりして少しずつ心を明るい方向に持って行く――。それが悲しい気持ちに対処する理想のプロセスなのです。

賢い女性は「涙」でストレスを洗い流す

ある実験で、感動的なドラマを観ている女性の脳波を測定したところ、涙を流したあとにストレス値が低下するという結果が出たそうです。逆に涙を我慢すると、ストレス状態が続くという結果が出ました。

もし、会社ですごく嫌なことがあったとき、トイレでサクッと泣くことができれば、気持ちをリセットできて、ストレス軽減になるかもしれません。

しかしながら「あら、じゃ泣くっていいのね。さっそく今から泣こうっと」といっても、そう簡単に涙なんて流れてはこないもの。やっぱり涙を流すには、きっかけとなるものが必要なので、泣ける環境づくりをしてみましょう。

たとえば、映画は視覚・聴覚効果があり、感情移入がしやすいのできっかけとしてとてもいいです。映画を観ているうちに、自分のつらかったことなどを思い出し、勝手に映画とそのことがリンクして涙が出てくるはず。

メンタルを安定させるためにできることは、楽しいことをするだけではないのです。

泣くこともまた、とても重要なこと。外で嫌なことがあったらその日のうちに、家では思いっきり涙を流してみましょう。とてもスッキリするはずです。

「マイナスのスパイラル」を脱出する方法

「なんだか最近何をやってもうまくいかない」――そんなこと、ときどきありませんか？

「二度あることは三度ある」――「いいこと」だったらうれしいけれど、残念ながらこれは「悪いこと」にも当てはまるものです。

そんなふうに、**悪いことが続いたとき、あなたはどうしていますか？**

「サイアク〜！」「マジ、ムカつく――！」「どいつもこいつも、まったく！」と、イライラを、人やら物やらにぶつけたりはしていませんか？

私たちはこのように、非常にネガティブな言葉を無意識に発していることがあります。さて、ほんの小さな悪いことが起きただけでも「サイアクゥ〜」という言葉、使っていませんか？

コップの水をこぼしただけで「サイアクゥ〜」ちょっとつまずいて転んだだけで「サイアクゥ〜」残業になっただけで「サイアクゥ〜」……。

よく考えてみたら、そんなこと「最悪」じゃないですよね？　最悪とは「最も悪い」と書きます。最上級に悪い事柄が起きたときが「サイアク」なのです。

いちいち小さいことで、口からよくない言葉を発していると、よくない感情が湧き出てよくない周波数が発せられて、よくない事情を引き寄せます。

これが引き寄せの法則でもあり「二度あることは三度ある」なのです。

「行動」を変えてみる

ではもし、よくないことが続いてしまった場合どうしましょうか？

そこから抜け出すために、どのようにそのマイナスのスパイラルを断ち切りましょうか？　先の項目でもお伝えした「パターンの中断」をもっと具体的にお伝えします。意外に簡単です。流れが変わるためにできることは二つあります。

まず一つ目、「いつもと違うことをやってみる」。

つまり「行動パターンを変えてみる」ということです。たとえば、

・いつも履く靴を変えてみる
・いつもと違う場所でご飯を食べてみる
・利き手と違う手を使ってみる
・いつもと違う道を通ってみる
・いつもの髪型を変えてみる
・この際、引っ越してみる
・この際、職場を変えてみる

小さな事柄でいいので、いつもの生活パターンをガラッと変えてみることです。しかしながら、引っ越しや転職はなかなか大きな決断でハードルが高いので、長い間運

気が下がっていると感じている場合などにはおすすめですが、普段の生活ではそんなに簡単にできることではないかもしれません。

そこで、これらのことよりも、もっとずっと簡単にできることもあります。

「言葉」を変えてみる

マイナスのスパイラルを断ち切る二つ目の方法。

それは、**「発する言葉を変えてみる」**ことです。

意識して、いつも口にしている口癖を変えるようにしてみてください。

誰にでも悪いことは起きますが、悪い事柄はニュートラルにスルーして、あまりそこに注目しないこと。

むしろ、その出来事にいい意味づけをする。たとえそれがこじつけでも、「納得できればそれでよし！」なのです。

たとえば、大切なブレスレットを落としてしまったとしましょうか。

ショックですよね、悲しいですよね、もったいなかったですよね。でも、そればかりにフォーカスしていたら、いつまでも悲しくてがっかりしたままで、これが長引くと、悪いことが二度も三度も続くようになります。

ですから、がっかりすることがあっても、いい意味づけをしてみます。

こんな感じはいかがでしょうか？

「ブレスレットが、自分の身代わりになって何かから守ってくれたんだ」と。

私もずいぶん前に、お気に入りのブレスレットを落としたときに、友人がそう言ってくれて、なんだか気持ちが楽になったのを覚えています。

実際は本当に身代わりになってくれたのかどうかは科学的根拠もないですし、わかりません。

しかし、その考え方はとても気に入ったので、私はそのあとも採用しています。なくなったことにフォーカスしないで済みますし、かつ気持ちが軽くなるから。

このように、納得できるいい意味づけさえできれば、負の出来事はそこで遮断できるのです。

「なぜか最近うまくいかない」と、マイナスのスパイラルに入ったと感じたら、意識してすぐに抜け出してみてください。

断ち切ることはいとも簡単にできますから。

第3章

美しく輝く女性になるための「内面の磨き方」

――誰かになろうとしなくていい！「自分らしく」人生を楽しむ秘訣

「自分の機嫌」を優先的に取ろう

私は、誰よりも何よりもまず、**「自分の機嫌を取ること」**を優先しています。

周りの人よりも、まずは自分が心地いい感情でいること。人間関係でも、お金の廻りをよくするにも、そして、色々な引き寄せを可能にするのにも、それが最も大切なことなのです。

私は会社を経営していますが、実は「どうしたらもっと売り上げが上がるか」「もっと会社を大きくするにはどうしたらいいか」というようなことはほとんど考えていません。

では何を考えているかというと、**「やりたいこと、楽しいことだけして、お金を廻**

すにはどうしたらいいか？」……ということをいつも考えているのです。

もしこれを聞いて、「働かないでお金を得るってこと？　それってどうなの……？」と不快な気持ちになったり、ネガティブな印象を持ったりされた方、どうか辛抱して次を読みすすめてください。私がやりたいこと、楽しいことを優先させているのには、理由があるのです。

それは、いつも自分の機嫌を取っていることで、いつも心地いい状態の自分でいることができるから。

自分が心地いい状態でいることとは、「引き寄せの法則」の基本中の基本のことなのです。そして、心地いい状態でいるということは、自分の最良の状態をお客さまに提供できるということなのです。

「自分の機嫌を取ることを最優先にする」と言うと、一見なんだかすごくわがままで利己的な感じに聞こえるかもしれませんが、視点を変えて考えてみましょう。自分の機嫌を取ることの意味を。

「いい気分」は人から人へ伝染する

自分の機嫌がいいと、それは体にも表情にも、言葉にも影響が現れてくるものです。

さらに、あなたが機嫌よく心地いい状態でいると、それはいい波動となって周りの人にも伝染します。

脳にはミラーニューロンというものが存在していて、人は、楽しそうな人を見ると自分もまた楽しい気持ちになるのです。ですから、心地よく楽しそうなあなたを見ると、周りの人もまた楽しい気持ちになってついつい同じように笑ってしまいます。

笑っている状態というのは、それはもう脳内に快楽物質が出ている状態です。そんなとき脳は「幸せなんだな」と単純に認識します。

つまり、**楽しそうなあなたを見ていると、なぜか周りの人も幸せな気持ちになる**のです。

だからあなたの機嫌がよくて、あなたが幸せでいることは他の人にも、とてもいい影響を与えるわけです。

「自分を大切にする人」は他人も大切にする人

しかし中には、あなたがいつもイキイキして笑顔でいると、それを不快に思う人もいることでしょう。

でもそれを残念に思わないでください。「不幸せな人」は「幸せそうな人」を見ると、なぜか不快に思うのです。それはひどいことではなく、基本的に誰でもそういう傾向があるものなのです。

自分が不幸せなのに、他の人の幸せを喜べる、ということは聖人君子でもない限り簡単にできることではありません。

ですから、「他人の幸せを心から喜んであげられる自分」になるためにも、自分の機嫌がいいこと、自分が幸せである、という状態がベースとしてある必要があると言えるのです。

上司の機嫌を取る前に、

ママ友の機嫌を取る前に、
夫の機嫌を取る前に、
赤ちゃんや子供の機嫌を取る前に、
友人の機嫌を取る前に、
自分が機嫌よくいれば、そうした人々にも笑顔のおすそわけができるもの。

以前、あるサイトで、夫たちが妻に求めることの一番に「妻の機嫌がいいこと」と書いてありました。
それくらい女性の機嫌がいい、ということは家族にもよい影響があるものです。
いつも機嫌のいい妻であるなら、夫にとって家庭は安らぎの場所になることでしょうし、お子さんにとってもお母さんの機嫌がいいってうれしいですよね。

気立てのいい妻、気立てのいい母親、気立てのいい女性。

機嫌がいい人は、周りの人にもそのいい気分を伝染させていくことでしょう。

それでも時折、落ち込んだり、自信がなくなったり、そんなこんなでメンタル的に大変なこともあるかもしれませんが、そんなときは自分のことをあと回しにせず、自分を癒す方法や元気になる方法をいくつか普段から考えておいて、常に、自分を労わる姿勢を取っていきたいものですね。

あなたはどんなふうに自分の機嫌を取りますか？
誰かの機嫌を取ることに集中するよりも、どうぞ自分の機嫌を取ってください。

そうやってあなたにとって心地いいことや癒しを、どんどん自分に与えてくださいね。

「悪い習慣」と簡単に縁を切る方法

あなたは日常生活の中で、何か「やめたい」と思う悪習慣はありますか？

夜更かしすることや、必要以上にダラダラと食べてしまうこと、テレビに時間を奪われてしまうこと、またはタバコの習慣、必要もないのにネットショッピングしてしまうこと……などなど。

これらをやめるには**ちょっと視点を変えてみる**ことが、成功するためのポイントになります。

「やめること」よりも「できること」を考える

たとえばダイエット目的で、「甘いものをやめる」という目標を立てたとします。

でも「やめる」ことで、「ストレスがかかる」→「余計食べたくなる」となってしまって、結果としてデメリットを生み出すなどということがよくあるのです。

というのは、「何かをやめる」というやり方は、人からエネルギーを奪い、人にストレスを溜めさせるからです。

食べないことによってストレスが高まり、過食に陥ってしまうなどして、最初よりも悪い結果となってしまったという経験がある人も多いでしょう。

それよりも「甘いものを食べてもいい、だとしたら何をして調整するか?」と考え、何か「やる」ことや「できる」ことを考えます。

たとえば、「甘いものはやめずに、毎朝、一つ前のバス停で降りて歩く」という目標を立てます。そして、そのメリットをたくさん考えます。

すると、バス一区間を歩くわけですから、

●早く起きるようになる

←●歩くから朝ごはんをしっかり食べるようになる

←●健康的になる

←●ウォーキングしながら、風景を楽しむ余裕が生まれる

←●新たな発見があったり、朝日を浴びることでセロトニンが脳内に放出され、さわやかでいられる

……などのように、ザッと考えただけでもこんなにメリットがあるわけです。

何かの習慣を「やめる」のではなく、そこから抜け出るために何かを「やる」ことのほうが、断然達成率が高いのです。「やる」は「やめる」に対して成功率が2倍で

ある、と言われています。

これ、ぜひ覚えておいてください。何か改善したいことがあったときに、「やめる」ではなくて「やる」という視点で、結果をいい方向に持っていけるように、ちょっと工夫を凝らしてみたいですね。

「夜更かししない」という目標ではなくて「早起きする」のほうが取り組みやすいでしょうし、そのことで得られるメリットのほうが健康的でさわやかです。

また「パソコンをダラダラ見ない」というよりも、そのパソコンを消した時間で何をしたいかを考えましょう。たとえば「読書をする!」と決めてそれを実行する方向に目を向けたほうが成功率は上がるのです。

さあ、あなたはやめたい習慣を断つために、何を「やる」と決めたらいいでしょうか? 楽しんで考えてみてくださいね。

夜に悩まない

私たち大人は、子供と違ってネガティブな思考をしやすい傾向があるとよく言われています。

さらに、世の中の八割くらいはネガティブな情報で満ちているとも言われており、ネガティブになりがちな上に、いつもネガティブ情報の中にさらされているのです。ですから落ち込んだり、がっかりしたり、傷ついたり、ショックを受けたりするのは当たり前の話ですね。

そういったネガティブな感情と向き合うことも、人生の中では大きな気づきがありますので、ネガティブを否定するわけではないのですが、**ただ、夜の時間にネガティ**

ブな考えに捉われると、結構厄介なものです。

たとえば、あなたはこんなことはありませんか？　夜になると気持ちが沈んでしまい、次から次へと悩みごとについて考えてしまったり、漠然とした不安に駆《か》られたり、悲しくなったり、どんどん暗くなってしまうことが……。

闇の中という暗い状況で悩むのと、太陽が当たる日差しのもとで悩むのとでは、メンタルに与える影響にかなりの違いがあるのです。

また、夜に悩んだりネガティブな考えに捉われたりしたまま眠りにつくと、朝の目覚めも悪くなります。そして起きてもどんよりして、昨日の悩みの続きが始まり、心と頭がどんよりしたまま、また悩みの一日が始まります。

そんなふうに、ついクヨクヨと悩んでしまう、落ち込んでしまう、というときに上手に気持ちを切り替える方法をお話しします。

まず一つは、**「ルール」をつくること。**夜にネガティブ思考に捉われそうになったときは、「明日になったら考えよう」「あと3分悩んだらやめよう」と、その思考を締め出すことです。

夜には悩まない。考えない。これを徹底してやっていると、思考の癖づけができます（第1章の「何があっても自分を否定しない」の中の〝パターンの中断〟も参考にしてみてくださいね）。**夜に悩んでしまうのも実は単なる習慣、癖**なのです。癖は反復習慣で変えることができます。

自分の中のスイッチを上手に切り替える

具体的な方法としては、頭の中にスイッチを思い描いてください。**もし落ち込み始めたら、そのスイッチを『バチッ！』と入れましょう。**

これは、「ネガティブになったら違うことをするというスイッチ」です。これを徹底的に癖づけます。

このスイッチを入れたら、立ち上がって体を動かしたり、軽く自分のほっぺをペチペチと叩いてみたり、アロマを焚《た》いて深呼吸を何度かするのもいいでしょう。これらは私も大変効果のあった方法ですので、ぜひお試しを！

それでももし、夜に気分が沈み始めてしまったら、どうぞ天井を見上げてください。人間は上を見て悩み続けることができないものです。ずっとやったら首がイタいので適度にね。上を向くことができたら、気持ちの切り替えまであと一歩。

そのまま口角を上げる。そして「なんとかなるさぁ～」と声を出して言ってみて、歯を出してニカッ！　と笑ってみる。

まとめると、

- 夜に悩まない。考えない。その思考を締め出す。違うことをする
- 天井や空を仰ぐ
- 口角を上げる。笑ってみる

そして、いったん締め出した悩みやネガティブな気持ちは、翌日の朝まで持ち越して、どうぞ上を向いてお天道様に相談してみてください。

明るい答えを、太陽はあなたにくれることでしょう。

「魅力のある女《ひと》」「魅力のない女《ひと》」の特徴

女性も35歳を過ぎると、外見よりも内なるところから美しいかどうかが問われるようになるだけでなく、内面が外見に現れるようになります。

私はアラフィフ世代になってから特に、**「若さに勝る女性の魅力って何だろう？」**と、考えるようになりました。

私は、7～8年前まで、自分よりも10～20歳くらい年下の若い女の子たちと主に交友関係を持っていました。

意識して20代の感性を学ぼう、彼女たちからの影響を受けようと、彼女たちを観察してきたのですが、見て思ったのは、「若いというそれだけで、美しくパワーがあり、魅力的である」ということ。若い女性は全員が魅力的でした。

しかし、**35歳過ぎになると、女性は二極化する**のです。簡単に言うと魅力のある人とない人とに。そしてその年齢以降になって魅力のある人とは、外見を超えたもっと奥深いところに魅力を持っているのです。

極端な言い方ですが、たとえ太っていても、やっぱり魅力的な人は魅力的なのです。もちろん、その上に容姿や外見に手をかけていたら、さらに輪をかけて美しいのですが、外見を超えた魅力を持つ女性は最強なのです。

私が多くの女性を観察してわかったことは、そのような魅力のある女性はこんな特徴を持っていました。

- 自尊心がしっかりある
- 感性が豊かである
- 話題が豊富である
- ジョークのセンスがいい
- ブラックなことも言える

● 愛情深い（ここがいちばん重要）

ただただ見た目が美人で、そこにいるだけで周りの人にとって目の保養になる存在というのもいいかもしれませんが、それですと「美人は三日で飽きる」という、ことわざ通りになってしまうのです。

「憧れの女性」をお手本に理想の自分に近づく

私はセミナーや講演を行う年には年間4000名近くの女性に会うのですが、たとえば一会場300名ほどいる会場でも、ときどきひときわ際だって輝いていて、一瞬で目を奪われる女性がいたりします。

それは、温かな表情や、愛情に満ちた瞳の奥の輝き、または心地よいリアクションなど、その人の波動から「愛情」が感じられる女性。そんな女性は、たとえ一番後ろの席に座っていても、目を奪われるのです。

こうして瞬間的に強い魅力を感じさせる女性を見ると、人の魅力とは、何も話していなくても発せられているんだな、と感じます。

他にも、以前の私のクライアントに、本当に上品な60代の経営者の女性がいらっしゃいました。普段は上品な物腰と言葉遣いなのですが、ときどき、東北の方言で、オジサンやオバサンのモノマネをするのです。そのギャップがまた、すごくおかしくて、その方の魅力倍増なのです。

そのクライアントは外見（容姿）も生き方も話し方も一流で、スタイル抜群。それでいて、そのようなユーモアがあるのは非常にポイントが高いです。

あなたの周りの魅力的な人ってどんな人か、ちょっと観察してみましょう。自分なりの分析を入れていくと、これまたおもしろいものです。

そんな周りの魅力的な人々をロールモデルとしつつ、年齢を重ねても、外見が多少崩れようとも、顔がシワだらけになろうとも、魅力的な存在でいられるように、意識を高めていきたいものですね。

「自慢話ばかりするあの人」の裏側

最近はＳＮＳで、一般の人が私生活を普通に世の中に公開するようになりましたが、それに伴って新たな問題も。

それは他の人の「充実した生活」が溢れる投稿を見て落ち込んでしまう、というものです。

ただ事実をアップしているだけの人もいますが、中には、明らかに話を盛っていたり、または、有名人と一緒に写っている画像をプロフィール写真にしていたり……ＳＮＳを通して強烈にアピールをしている人もいます。

それを見て、「どれだけ自分が好きなの？　どれだけ自信過剰なの？」と思う人もいるかもしれませんが、実は逆なのです。

たとえば、「〇〇の偉い社長と飲みに行った」とか、「ブランド物のバッグを買った」など、こういった類《たぐい》の自慢話をする人の心理状態は、自信過剰どころか、自信がないのです。これは、自信のないことの裏返しです。

素の自分で勝負できないゆえにそれらで自分を大きく見せたい、という気持ちが現れているのです。

そう思うと、その自慢話ばかりする人を違った目で見てあげることができるかもしれません。

私自身は、他人の自慢話に大いに付き合うほうです。それは、人間の背後に隠れているその人の心理状態というものにとても興味があるためです。自慢話もその人の武勇伝も聞くこと自体が（というより人間ウォッチングするのが）勉強になり、観察力と洞察力を養うのにもってこいだからです。

もし、あなたが、誰かの自慢話を聞かされて嫌だな、でも逃げられないなと思ったら、それはあなたがもっと他人といい関係を築くための〝人間心理の勉強の場〟だと思って、聞くことに徹してみるのも手かもしれません。

しかしながら、あなたの心をいつもいつも不快にさせるような人なら、無理に近づく必要はないでしょう。

言葉は「心を映す鏡」

さて参考までにですが、逆のパターン。つまり「自分の失敗談を堂々と話す人」の心理とはなんなのでしょうか。

これは、自信がある強い人です。

あえて弱い自分を出せる、というのは、大変なことなどを乗り越えてきて、今、強い自分がきちんと確立されているから、だから弱さを出せるのです。

自分の強さに自信を持っている人、と言えます。

さらに、**自分の失敗談を話したり、自分の弱い部分を話すという行為は、話す相手**

と仲良くなりたい、という心理が働いていることもあります。相手に親しみを感じてもらいたい、自分のダメな所を伝えることで相手を励ましたいという気持ちが現れるのです。

ついつい自慢話をする人は自信満々のように見えているかもしれませんが、実は逆だったのです。ちょっと見方が変わったでしょうか？

そして、**自分自身は自慢話をしているか、それとも失敗談を話しているかを考えてみましょう。**それによって自分の心理状態も知ることができるでしょう。

「自分らしさ」って何？

「私、自分らしく生きています！」

と胸を張って言える人はどれほどいるでしょうか？　意外に少ないかもしれません。

自分の気持ちを押し殺しては、行きたくもない飲み会に付き合い、笑いたくもないときに笑い、多くの人はやりたくもないことをどれだけたくさんやっているか……。

それゆえ、**「自分らしく生きるとは何だろうか？」**ということを考える人々も多くなっています。これをとても難しく考えている人が結構多いのですが、「自分らしい」って実はとっても簡単なこと。

自分らしいとは、あなた自身が楽しい、心地いい、ワクワクするなどといった、自

分の波動が上がるような感覚になること。そういう感覚のときがいちばん「自分らしい」状態なのです。

「ブラックな一面」もあっていい

中には「そんなことを言ったって自分の好きなことだけやって生きていけるわけありません」と言われる方がいるかもしれません。それもわかります。

確かに、日常生活を送っていると、波動が下がるくらいムカつくときや、腹立たしいとき、怒りたいとき、悲しいときなどもあることでしょう。いつも自分らしくいられるわけではないかもしれません。

しかし、そんなときでも「自分らしく」あるためには、**そうした感情も嫌わないでまるごと受け入れてあげる感覚を持つこと**、それが大事なのです。

するとあなた自身が気づいていない、心の奥にいる本当の自分が「あ、私こういう感情を持ってもいいんだ」と認識し、少しずつ気持ちが落ち着いてくるものです。

それによって、たとえば自分は何をされると嫌で、どんなことに不快感を持つのか？　何に違和感を持つのか？　といった**自分の「本質」**がどんどんわかります。**その本質こそが、「自分らしさ」**です。

たとえば、コーチングのセッションでは、クライアントが憎しみやねたみの感情など、自分のドロドロした醜い感情を吐き出すことがよくあります。

コーチングでは、クライアントの感情や価値観に対して、その良し悪しをコーチが判断することはありません。ですからクライアントは「決して否定されることはない」という前提があるので、心の中をすべて包み隠さず話します。

こういうドロドロした感情は、一般的には誰にも言えないとか、持ってはいけないものなどという思い込みがありますから、セッションでは「言っても否定されない」ということが、安心感に繋がっていきます。

そうして吐き出しているうちに、どんどんその醜い気持ちが軽くなり、浄化されていく感覚になります。すると、「自分らしい状態」に戻っていくのです。

しかし、すべての人にコーチがついているわけではありませんので、まず自分自身でやれることは、あなたがあなた自身のコーチになり、**「どんな自分の感情も否定しないこと」**なのです。

光と闇があるならば、闇の部分も誰にでもある、ということを認めてあげると、光の気質も浮き上がってきて、心地いい自分、自分らしい自分に戻っていきます。

「心の声」に耳を傾けていますか？

また先ほど、「自分らしいとは波動が上がる感覚のとき」と言いましたが「波動が上がるっていう感覚がわかりません」という方がいらっしゃいます。

簡単に言うと、「たのしぃーー♪」や「きっもちいい～！」や「ワクワクするー！」「はぁ～ん、心地いいわぁ～」みたいに感じるとき、高揚感があるときです。そんなときは波動が上がっています。

また、愛情が心いっぱいにあふれているときや、感謝の気持ちが高じるときも、自分から発する波動が上がるときです。

自分の内なる気持ちに目を向けるようにするだけで、「波動が上がる感覚」も「下がる感覚」も認識することができます。ポイントはそれを意識し、覚えておくことです。

たいていの場合は自分の感情に気づかずに素通りしてしまっているのです。傷ついていることも、悲しんでいることもわからずに……。

「自分らしくある」は、「自分らしさに戻る」こと。ある意味リセット作業なのです。

イラ立ち、悔しさ、憎しみ、しんどさ、悲しみ、つらさ……日々の生活の中でこうした感情に襲われたときこそ、自分にとって心地いいことをたくさん自分に与えてあげてくださいね。

「心豊かな人生」を送るために必要なこと

30歳も過ぎると、外見磨きだけでは美しい女性になれないことに気づき、内面磨きに興味を持つ女性たちが多くなってきます。

それなりに経験値が上がり、人生において何が大切で何が美しいことなのかがだんだんわかってくるからです。特に、外側の若さという美しさはいつか朽《く》ちていくものですから。

内面磨きをするために、私がおすすめするのは、**「感性を磨くこと」**です。

感性を高めていくことで、とても心豊かな生活ができます。それは何か買い物をするとか、外見を着飾って美しくなったかのような気持ちになることで得られる、表層的な満足感とはまったく違う種類の豊かさです。

まず、感性とはなんでしょうか？

『広辞苑（第六版）』によると、

①外界の刺激に応じて感覚・知覚を生ずる感覚器官の感受性。「―豊か」
②感覚によってよび起こされ、それに支配される体験内容。従って、感覚に伴う感情や衝動・欲望をも含む。
③理性・意志によって制御さるべき感覚的欲望。

……


ちょっと表現が難しいかもしれませんが、共通していることを簡単に言いますと、**「感覚」**です。センスと言い換えてもいいかもしれません。

この、**感覚をトレーニングすることが感性を磨くこと**になります。

私たちの正邪に対する考え方や、愛や優しさ、同情心、または道徳的思想などは、持って生まれたものではなく、育った環境や置かれた環境、受けた教育や取り入れた情報などによってあとづけされ、「感覚」として身につけていくものです。

また、人生の中でいい映画を観て影響を受けたとか、尊敬できる人から多大な影響を受けたとか……そうした「感動」もまた今のあなたの感覚をつくっているのです。

「読書」は100本の美容液にも勝る

感性を磨く方法はたくさんありますが、手っ取り早くできるのは、**「心が豊かになる情報」を取り入れること。**

その中で最も簡単なのは、**「本をたくさん読むこと」**です。これは感性を磨く方法の中ではかなり重要な位置を占めていることでしょう。

一冊の本には、その著者の人生や感性、そして価値観などが凝縮されて詰まっています。また偉大な人に直接会えなくても、その人が遺した本を何度も読めばそれだけで、その著者と深く交流できるようなものです。

そう考えてみると、一年の内にどれだけの人と本を通して交流できるでしょうか。

それは何と素晴らしいことでしょう！

映画などもおすすめです。ストーリー性があり、視覚を通して鑑賞する映画は、自分の人生の中で経験した出来事と重なったりして、感動を引き起こすものです。

「心のアンテナ」を高くしよう

他に感性を磨く方法としては、毎日の生活の中で、**より多く「感動」を見つけることです**。感動すると、人はその出来事や得た知識を心に刻みます。

夕日が綺麗で感動したり、
誰かに親切にしてもらって感動したり、
子供の成長ぶりに感動したり、
夫のほんのちょっとした優しさに感動したり、
道端でアスファルトを突き抜ける雑草に感動したり……。

ちょっとした生活の中で「感動」を見つけることは、あなたの感性を磨くためにとても役立ちますし、それは内面磨きに繋がります。

これを実践する上で大切なのはあなたの脳に「アンテナ」を立てること。

小さな物事をちょっとだけ意識すると、いつもと変わらない毎日を過ごしているのに、感動できる事柄が、たくさんあなたの前に現れてくれます。

感性は、何も特別なことをしなくても、普段の生活の中でも十分磨けます。

感謝の気持ちをベースに持って、世の中を優しい目で見てみたときに、感動が見つかり、感性は磨かれていくのです。

そうすることで内外共に美しい女性に成長していきたいですね。

余裕のある人になる

「時間の余裕」「心の余裕」「お金の余裕」。
あなたがほしい「余裕」はどれですか？

「余裕」とはゆとりの部分のこと。これがあるかないかということは、私たちの行動に多大な影響を及ぼしますし、外見にもまた影響を与えるものです。

「余裕」は、女性の美しさにも大きく関係してくるものなのです。
余裕のない人は、せかせかとせわしない動き方をします。また行動に丁寧さが欠けるので、がさつな印象を持たれたり、目の前に素晴らしい感動などがあってもまったく気づかずに通り過ぎてしまう可能性があるのです。

さて「心の余裕」「時間の余裕」「お金の余裕」。この三つの余裕は、どれもほしいものですよね。

この中で、あなたがいちばんほしい「余裕」とはどれでしょうか？　大丈夫です。あなたはどれもすべて手に入れられます。

この「余裕」というものは不思議なもので、一つが満たされていくと、次の余裕が生まれ、そしてその次の余裕も生まれる、というふうに連鎖する傾向があります。

もし、自分にとってどの余裕が今いちばん必要なのかがわかると、すべての余裕が手に入るのも早いのです。

たとえば、私の場合はこうでした。ご参考までに。

● 2008年に仕事を減らして『時間の余裕』ができた

↓

● 『時間の余裕』ができたら、『心の余裕』ができた

●『心の余裕』ができたら仕事にも集中できて、『お金の余裕』も少しできた
↓
●『お金の余裕』がある程度できると、『心の余裕』がキープできるようになった
↓
●『心の余裕』がキープできると、仕事を楽しむことができるようになった
↓
●それがまた『お金の余裕』につながる
↓

という素晴らしいサイクルの出来上がり。いったんこのサイクルができると、なかなか崩れないもので、常にすべての面で余裕ができるのです。

しかし、何もかも余裕がなかった頃は、眉間にシワ、くすんだ顔、目つきが悪い、不健康、メンタル状態も悪化……。これもまた負のサイクルですね。

まずすべきことは、何かの余裕を犠牲にしたとしても、**自分にとっていちばん必要**

な「余裕」を自分に与えてみることです。

「心の余裕」を得るために、もしかして、お金がかかるかもしれません。たとえばある人にとっては、家族から離れてちょっと素敵なホテルに泊まり、自分癒しをすることかもしれません。

また、「お金の余裕」を得るために、時間を犠牲にする必要があるかもしれませんが、がんばって仕事の量を増やした結果、お金が得られたので、それによって自分を満たし、ひいては、「心の余裕」が得られるようになるかもしれません。

順番は人それぞれですが、まずは、今の自分にとっていちばん必要な「余裕」とは何かを自問してみてくださいね。

まずどれかを得るためには、どれかを犠牲にすることがあるとしても、いずれは全部得られるようになりますから。

まずはゆっくりとお茶を飲みながら考えてみましょう。

「愛ある心」を養う

誰かと「同じ」でいることで安心する――。人には、多かれ少なかれこういう特質があります。

とくに、私たち日本人は、「自分が他人と違う」ということに異常なほどの恐れを持っています。そして、「皆と同じ」ということでよく安心する。実は、これはとても危険な発想と言えます。

「集団心理」とは恐ろしいもので、多少間違っているように思えても現状維持を望んだり、同調したりしてしまうバイアスがすべての人にかかるものなのです。

たとえば、成人式で新成人のマナーの悪さがニュースなどで取り上げられることがありますね。実はああいう場面では、たった一人が大騒ぎするということはなく、みんながやっているからという「集団心理」が働いて、一人ひとりがどんどん大胆になっていくのです。

しかしこれは、何も20歳の方々だけではありません。

こんなことが実際にあります。人通りの多い街中で一人の人が倒れました。ところが、最初にそれを目にした人は、その人を助けません。そうすると、次の人も次の人も、何十人という人が、倒れて苦しんでいるその人の横を助けようとせずにただ通り過ぎるようです。信じられないかもしれませんが、本当によくあることなのです。

また、1964年にアメリカで実際に起きたことですが、あるマンションの前で女性が暴行されていて、その女性は声を出して助けを求めていました。しかし、幾人かの住人はその声を聞いていたにも関わらず誰も助けに行かず、ついにその女性は殺されてしまったという事件がありました。理由は「誰も助けなかったから、自分も助けなかった」ということです。

この事件をきっかけに、集団心理に基づく人の行動「傍観者効果《ぼうかんしゃこうか》」が提唱されました。

なんとも悲しい事件ですが、**私たち人間はそれだけ集団心理に基づいて「他の人の行動」を基準に自分も行動している**、ということです。

美しい人は、心も行動も美しい

「みんなが持っているから私も持つ」
「流行だから、私もやる」
「みんながいじめるから自分もいじめる」

自らの意思で動いていると思っていても、意外に周りから強い影響を受けていることがあるものです。

先ほどの例のように、もし街の中で誰かが倒れても、それを最初に見た人がその人に駆け寄って助けようしたら、次の人も次の人も連鎖的にその人を助ける行動に移るのです。

そのようなとっさのときに、

「あ、倒れている！　でも誰も助けない。どうしよう？　助けようか？　でも目立ってしまう。誰か助けたら自分も助けよう……」

なんて、頭で考えたりしてしまうのではなく、何よりも先に、助ける行動が思わず出てしまう、そんな「愛の心」を常に持っている人間になりたいですね。

「愛の心」を持つと、「愛の行動」になります。

とっさのときというのは、「自分の本質」が出ます。頭で考えること、思考するよりも先に、その人の益になることのために、とっさに行動できる。そんな、いつも「愛の心」と「それによる行動力」を持ち合わせているような人になりたいものです。

災害時なども、人の本質がよく現れます。

東日本大震災のときに、一部では大変利己的な行動をした人々がいました。盗み、強盗なども起きました。

一方では、自分の身よりも他の人々を助けることを優先した人たちがたくさんいました。自分が食べなくても、お年寄りや子供たちに食べ物を差し出した人もいました。

常に「愛ある心」を養っておくことで、とっさのときに「愛ある行動」ができるような人でありたいものです。

では、どのようにすれば「愛ある心」を養うことができるのでしょうか?

それは、小さなことでいいのでまず自分から他人に愛や親切を示すことです。本当に小さなことでいいのです。

不思議なことに、自分が他人に与え続けたことは巡り巡って、自分の元に戻ってきます。そうしますと、そういった愛に基づく行為が人生の中でとても重要であることが理解できるでしょう。

悪口とうわさ話の「受け止め方」

女性は、気の合う友達と話をするだけで、ほとんどのストレスは解消される、と言われるくらい、話すことが大好きです。

ただ楽しいおしゃべりならいいのですが、ときには建設的な話ではなく、誰かのよくないうわさ話や悪口に発展してしまうことも……。

さて、あなたなら次の場面でどのように行動するでしょうか？

あなたの友人Aさんは、とても素敵な人で、あなたはAさんにとても好意を抱いています。

あるとき、別の友人Bさんに、Aさんがいかに素敵で愛情深くかつ親切であるかを話しました。

するとBさんは、Aさんの悪いうわさ話をあなたに言い始めました。Aさんの親切に見える行動はすべて偽り、見せかけの行動であること。本当はよくない人であるばかりか、あなたの悪口さえ他の人に語っているのを聞いたことがある、と言います。

Aさんは自分にとても親切にしてくれていたのに、陰で自分の悪口を言っていたなんて……とあなたは大変ショックを受けます。そしてBさんからは交友をやめたほうがいいよ、とまで忠告を受けます。

さて、あなたならAさんのことをどう思いますか？

ここで三つのタイプに分かれると思います。

一つは、Bさんの言ったことをまったく信じないし、今まで通りAさんとは仲良くするタイプ。だって自分はAさんからひどいことをされたことがないし、Aさんが私のことを悪く言うはずがない、とAさんを信じる。

もう一つのタイプは、確証はないがBさんの言うことを信じてしまうタイプ。「あの親切は見せかけだったんだ！」とか、「陰で私の悪口を言うなんて、ひどすぎる！」

「Bさんの忠告に感謝しなきゃ！」などと思う。そこまで思わなくても、かなり動揺して、Aさんを避けるようになってしまう。

そして、最後のタイプは、真相を確かめる。Aさんに直接聞いて、本当にそういう事実があるのかどうか自分で確認する。

皆さんなら、どのように行動されますか？

実は私、この経験をしたことがあります。BさんはAさんのことを私に悪く言うのですが、私の目からはAさんの悪いところはまったく見えなかったですし、何よりも、私はAさんと接していて不快に感じたことがなかったのです。

のちにBさんがなぜそのようなことを言ったのかがわかりました。私を独占したかったことと、Aさんをねたんでいたからでした。

しかし、こうなるとBさんのやったことは、もはやうわさ話を越えています。事実と違うことを話し、人を中傷する行為です。

「誰かが言っていること」をうのみにしない

ここで言いたいことは、むやみに人の言葉を信じることなどありませんように、ということ。**自分の目で見て自分が感じたこと、そして事実以外、信じなくていいのです。**

根拠のない悪いうわさ話をあなたに吹き込もうとする人がいても、それに耳を貸さないことです（もちろん信頼している人のアドバイスであればヒントにしたいですが）。

悪いうわさ話は、自分からしていなくても同意しながら聞いている時点で、同罪なのです。

うわさ話や人の悪口、ねたみなどで、人を罠に陥れることは美しい女性がすることではありません。

品性がない人は同じような品性のない人々とつるんで、そんな黒い渦の中でマイナスエネルギーに沸き立つのでしょう。

皆さんも、客観的にこの話を聞くと、当然、Bさんと一緒に悪口を言うようにはなりたくないと思うことでしょう。しかし、注意していないと私たちは誰でもBさんを信じてしまうようなことになってしまう可能性が十分にあるのです。

たとえば、いつもつるんでいる仲良しグループやママ友グループなどでは、一人の強い女性の意見に全員で右ならえしてしまう傾向があるようです。大人の世界なのに信じられないようなことかもしれませんが、それによって大人のいじめも起きるのです。

「美しい言葉」が美人をつくる

そして、もう一つ大切なこと。悪口やよくないうわさ話をすることによる「害」についてです。それは他の人について語っていたとしても、**脳も潜在意識も「主語」を判別しない**、ということです。

つまり、誰かの悪いことを言っていたとしても、またはそれを聞いているだけでも、それはそのまま自分の脳と潜在意識への暗示となってしまい、セルフイメージをどんどん落としていくことになるのです。

「あの人は性格が悪い」は「私は性格が悪い」となり、「なによ、ブスのくせに」は「私はブス」となり、「あの人のやることなんて失敗すればいいのよ」は「私のやることは失敗する」、と暗示されてしまい、それがセルフイメージとなり暗示された通りの行動を取るようになります。

何よりも人の悪口やよくないうわさ話ばかりしている人は、長年やってきたそういう心の質が、30代後半から如実に顔つきにも表面化してくることでしょう。

しかし、怒っていたり傷つけられたりしているのに、悪口を言ってはダメだと、心に蓋をして、ストレスを溜めてしまうような極端なことをする必要はありません。たとえば、信頼のおける人に自分の感じていることを話すことで、心を軽くすることもときには必要なこと。たとえそれが愚痴めいたことになったとしても、人はときどき、心のガス抜きをすることも必要だからです。

「自分の弱点」を知り、対処法を準備する

いつもさわやかで穏やかな心でいたい、そう思っている人は多いことでしょう。

しかし、いつもいつもそうはなかなかいかないもの。私たちの感情や精神は、バイオリズムのように上がるときもあれば下がるときもあるのです。

バイオリズムが下がると、イライラしたり、無性に怒りたくなることもあります。ときには家族に対して八つ当たりをしてしまい、そのあとで自己嫌悪になって落ち込んでしまう、などということがあるかもしれません。

いつもならすぐに許してあげられることなのに、必要以上に子供を強く叱ってしまったり、夫に対して声を荒げてしまったり、年老いた親に心ないことを言ってしまっ

たりなど……。

たいてい、人にはそれぞれ**「自分が下がり始めるパターン」**というものがあります。そう。パターンです。**「怒りポイント」**と**「イライラポイント」**と言ってもいいでしょう。

それが自分にとって何なのかがわかっていると、テンションが下がっても上手に感情をコントロールすることができますし、家族に八つ当たりをしたり、他人に不快な思いをさせずに済むものです。

ですから自分を冷静に見つめて、そのパターンが自分にとって何なのかをちょっと調べてみるのはおすすめです。

私の「怒りポイント」は……

私が自分の弱点ポイントがわかったある日の出来事です。今はひとり身ですが、結婚生活をしていたときのこと。夫とデパートに行きました。

あちこちと買い物をしていたので、お腹が空いて体もかなり疲れてきた頃に、「そろそろお茶して糖分を補給したい」と夫にお願いしていました。

もう一軒だけお店を見たいと夫が言うので、「じゃあ一軒だけだよ」と言ってお店の前で待っていました。一軒だけならすぐだと思ったからです。

ところが待てども待てども、ちっとも戻ってこない。どんどん時間が過ぎていきます。私はもう空腹でフラフラして、長時間ハイヒールで歩いていたこともあり、体が限界。「お茶をしたい！」という私のお願いは忘れられ、結局そのお店で約1時間近く、私は夫に待たされていました。

私の怒りはついにピークに達しそうです。そんなとき夫はニコニコしながら、「いいのがあった。これ、買っていい？」と聞きにきました。この笑顔にもイラッときましたし、空腹と生理前ということも手伝って、もうはらわたが煮えくり返っていました（笑）。自分だけ先にカフェに行くという簡単な選択さえ頭にも浮かばないくらい、空腹と疲れによるイライラで思考が停止していたのです。

しかしその後、無事カフェに入りコーヒーとスイーツを食べてホッとしたら、何だかそのイライラもすーっと収まってきたのです。そこで一つ発見がありました。「私は空腹に弱いんだ！」ということ。プラス、それに生理前という時期が重なると普段穏やかな私も豹変《ひょうへん》してしまう！　ということを（笑）。

私が子供の頃、母がこんなことを言っていたことをそのとき思い出しました。父が空腹のときには「父に近づくな、怒らせるな」と。今ならとても理解できます。

「感情を爆発させないため」にできること

こうして自分で自分の弱いポイントが何なのかがわかっていた場合、事前に何かしら対処することができます。

たとえば、家族に「今生理前の時期に入ったから、少しイライラしていると思うけど、ごめんね」と伝えておけば家族も少しは理解してくれるでしょうし、また空腹に弱いのであれば、その状態になるのを回避するためにチョコや飴などを持ち歩くとか、そんな小さなことでもイライラを収めることができるでしょう。

イライラしていたり、怒っていたりするときは、自分のことしか考えられない状態になっています。そのときについ、その負のエネルギーを周りに発散してしまって、あとで立ち返ったときに自分を責めてしまう人は多いのです。

このように後悔してしまうことが少しでも減るように、弱点を知っておくのは自分への助けと、周りの関わる人への配慮ともなります。

弱点はカバーできるものです。ぜひ事前に対処法を準備してみてください。

「親への感謝の気持ち」は運気上昇のカギ

2008年に『おくりびと』という日本映画がありました。この映画は日本アカデミー賞を始め、国内外多数の賞を受賞した素晴らしい映画です。

納棺師《のうかんし》という、亡くなった方が天国に旅立つために、その身なりを整えたり、化粧をしたりする仕事をする人が主人公で、その人の生き方を描いた物語です。

実はこの映画を観る4年前に私の祖母が亡くなり、そのときに私は納棺の儀式の様子を一部始終見させていただきました。

そのときは女性の納棺師で、上手に祖母の着物を脱がせ、旅立ちの支度をされていました。それを見たときに彼女の立ち居振る舞いの美しさに感動したのをよく覚えています。そしてこのとき私は、人は必ず死を迎えるのだということを感じました。本当に深く心に刻まれるように。

『おくりびと』は私に多大な影響を与えてくれた大切な映画の一つです。今後の人生を後悔せずに生きるために大切なことは何かを教えてくれて、そしてある決意をするきっかけともなったからです。

映画の中で、銭湯を営む一家の母親が斎場で焼かれる場面があります。そこで息子が最後に、「母ちゃん、ごめんな……ごめんな……」と謝っていたのを観たとき、私の中に一つ、強い意志が生まれました。

私は、親を見送るときには後悔のないようにしたい。だから、親が生きている間にできることをちゃんとやろう。そう心に決めたのです。

親の最期を見送るときは、「生み育ててくれてありがとう。そして、晩年は親孝行させてもらって、ありがとう」と言えるように。

私の人生を変えた「父への手紙」

私は、子供のときから父との関係が悪く、若いときはよくぶつかっていました（今でもときどきぶつかりますが）。

しかし、父が自分の母親（私の祖母）を亡くし、涙を流し、がっくり肩を落としているのを見たときに、勇気を持ってある決断をしたのです。それは、「父に手紙を書こう！」というものでした。

そのとき生まれて初めて父宛に手紙を書きました。それまで手紙を書くどころか、まともな話し合いすら一度もしたことがないような間柄です。

人生の中で三本の指に入るくらいとても恥ずかしく、勇気のいることでした。

それでも、父へこれまでの謝罪と感謝の言葉を書き、お小遣いも包みました。まだお金がなかった頃ですからわずかではありましたが、そのとき、やっと本当の大人になったような気がしました。

あれから10年以上経っていますが、父とはまだときどきぶつかります。しかし、それは父が元気だという証拠、ありがたいことだと思っています。

実は、その手紙を書いたあたりから、私に変化が生まれます。**自分の生き方や人に対する見方がどんどんいいものになっていくのを感じ、また自分に入ってくるいい出来事の頻度も質も、急上昇してきたのです。**

簡単に言うと、どんどん運気がアップしていきました。どの自己啓発書にも、親へ心からの感謝の気持ちを持つことは、運気がいい方向に向かうためのカギだというようなことがよく書いてありますが、私自身それを本当に感じたのです。

くわしい因果関係はわかりませんが、**親を憎んでいたり、感謝の気持ちを持たない、というのは、やはり幸運を引き寄せる基本法則に反しているのかもしれません。**

自分の周りにいる友人や同僚、隣人などの誰よりも、まず感謝すべきは親なのです。何より自分にとっていちばんの身近な先祖なわけですから。

そして、私はこうも考えています。私が父に感謝の気持ちを持てたのは、きっと親の親である祖父母や、その親の曽祖父母であるご先祖様の力添えなどがあったからなのだと。

もちろん、親との関係が悪い、親を許せないという人もいることでしょう。無理はする必要はありません。**育ててくれたこと、産んでくれたことへの感謝、今自分の命があるのは親のお陰だ、と思えるだけでもいい**と思います。

親への感謝の気持ちは、誰よりもいちばん先に表すべきもの。ここを飛ばして、誰かに感謝をする、というのはありえないことだと思っていいでしょう。

親があちらの世界に行く前に感謝を伝えてみるのはいかがでしょうか？　私たちより先にこの世からいなくなるわけですから。

第4章

毎日が愛でいっぱいになる「行動」の魔法

——一瞬ですべてが変わります

家の中に「パワースポット」をつくる

仕事が終わって家に帰ってきたのに、

「自分の部屋がなぜか落ち着かない」

「なぜか疲れが取れない」

「動きたくなくなってしまう」

……そんなことはないでしょうか？


私は30歳の頃、まさにそのような状態でした。一日仕事をしてようやく帰ってきてほっとするはずなのに、なぜか気の休まらない部屋。その理由は簡単で、**片付いていない、そしてインテリアに統一性のない部屋だったから**でした。

物が部屋の中に散在していると、それぞれの物質が発しているエネルギーが部屋の中でごちゃごちゃとぶつかり合います。片付いていない部屋にいるとなんとなく体が休まらないのはそのせいです。

家は、体を休め、英気を養うところ。安らぐところでもあります。

でも、もし家に帰ったときにそこが癒しの場所どころかイライラする場所だとしたら、一体どこで心や体を休めたらいいのでしょうか？

逆を考えるとわかると思います。きちんと片付いた美しい部屋にいると、体が休まるだけでなく、心も軽くなり、行動したくなるものです。

「パワーを注入したい！」と言ってたくさんの人がパワースポットに行きますが、**パワースポットに行っても、パワーを受け取る器である自分自身が整っていないことには、パワーは入ってはきません。**

自分を整えるために、**まずは自分の家の中を自分のパワースポットにする**、ということを始めましょう。自分の家を、帰ってきたくなる、お気に入りの場所にするのです。

ブランド物を持つよりも、どんなに高価なアクセサリーを身に着けるよりも、毎日を過ごす場所、自分の身を置く場所をきれいに整え、パワースポットにしておくことが、気分を上げ、永続的に運気を上げる秘訣でもあります。

「お気に入りのモノ」に囲まれる

「でも、家族がいてすぐに散らかすし、どんなに片付けても落ち着く場所になりません」という方もいるかと思います。

しかし、無理と決めつけないでください。あなたが身を置く場所、たった一畳のスペースでもいいのです。

お気に入りの一人掛けソファーと小さなサイドテーブルが置ける場所くらいは確保できませんか？

そこだけは、散らかさないと決意して、自分の**「一畳だけのパワースポット」**にすることを目標にしてみてください。

ここで、パワースポットをつくるためのポイントが一つあります。

パワースポットはただ片付いていればいい、というわけではありません。前にも述べた通り、物質はそれぞれ特有の周波数を出していて、人間もまたそれぞれ周波数を出しています。あなたの好きな物はあなたの周波数と共鳴しますが、あなたの嫌いなものは不協和音を発生させるので、あなたを落ち着かせません。

ですから、自分の**「大好きな物だけを置く、使う」**というのがルール。

すると、大好きな物たちから発せられるエネルギーがあなたの持つエネルギーと共鳴して、あなたを元気にしてくれます。

今、身の回りを見渡してみてください。あなたの嫌いな物や嫌いな人からもらった物、気に入らない物などは置いていないでしょうか？

もしあるなら「ありがとう」を言ってから手放すよう、おすすめします。誰かにあげてもいいでしょう。そうやって身の回りをお気に入りのものだけすると、そこはいつのまにかあなたにとってのパワースポットになります。

眠りながら「キレイ」に「パワフル」になる！

大事なことなので繰り返しますが、パワースポットとは、もちろん、磁場や方位によってパワーが発生している場所のことも差しますが、簡単に言うと、**あなたが好きな場所であれば、そこはあなた自身のパワースポットである、**ということです。

わざわざどこかに行かなくても、そこがいちばんエネルギーチャージ出来る場所であるならば、そこにいるだけであなたのエネルギーレベルはどんどん高くなり、元気な状態になります。

まずは、自分の家の中のたった一角からでいいので、そこだけは自分の好きな物に固まれるパワースポットとしてください。

そして、もう一つのパワースポットにすべきところは、あなたの「眠る場所」です。

睡眠は、すべてをリセットする時間。つまり、寝室は私たちがダイレクトにエネルギーチャージをする場所です。ここもまたパワースポットとして整えておくように強くおすすめしたい場所の一つです。

たとえ、ベッドに入ったらすぐ眠ってしまうと思っていても、部屋の状態や物たちから発する周波数から、眠っている間にも私たちは影響を受けています。

ここで使う寝具なども、お気に入りであることはもちろん、上質の物、肌触りがいい物、清潔で香りのいい物であるべきです。ベッドに入って無防備になると、人は物の周波数からの影響を特に受けやすいのです。

家があなたにとってのパワースポットならば、あなたはその場所でいつも元気でいられます。たった一角と眠る場所、まずはそれをパワースポットにしてみてください。

「朝日を浴びるだけ」でポジティブな人になれる

今から10年ほど前になるでしょうか。私の母が、ガンの所見があるということで入院したことがありました。体の具合が悪いことも手伝っていたのでしょうが、入院してからというもの、なぜか母のメンタル的な部分がどんどん弱っていきました。

それまでの前向きな母とは人が変わったように何をするにもなんだか弱々しく、発する言葉もネガティブなことばかりになったのです。

私はおかしいと思い、母と共にいつもお世話になっていたオステオパシー（人間の自然治癒力を最大限に活かした医学）の先生に相談しにいきました。

そのとき先生から、病院で母のベッドが部屋の中のどの位置にあるか聞かれました。

母のベッドは、八人部屋の入り口からいちばん手前にあるベッドで、そこは太陽の光が全然差し込まない暗い場所でした。それを先生にお伝えしてから母の診察をしてもらったときに、次のように言われました。

ちょっとうつ病気味になっている、と。

実はそれまで母は、朝起きたら必ず外に出て、朝日を浴びながら犬の散歩をしたり、趣味の畑仕事をしたりと、毎日太陽を浴びる生活を送っていました。

あんなに毎日太陽を浴びる生活をしていたのに、急にまったく太陽を浴びない生活になってしまったことで、脳内の「セロトニン」が欠乏して気持ちが沈んできてしまった、ということだったのです。

先生からは、朝食をとったら窓際に移動して、朝日をたっぷり浴びて深呼吸をたくさんするように、というアドバイスをもらいました。

幸せホルモン「セロトニン」を増やす法

実はこれは、私たちの生活にも十分ありえることなのです。

「寝起きが悪い」とか「食欲がない」とか、「疲れやすい」「ダルい」……。
そんなときに簡単に元気を出す方法が三つあります。

・朝日を浴びる（朝10時までの太陽）
・運動する
・笑う

最強なのは、**朝日を浴びながら運動しながら笑う。**この三つを一気にやると、とてもいいです。ですから朝のウォーキングやジョギングは最高なのです。

朝日を浴びたり、笑ったり運動するだけで、「セロトニン」という脳内物質が放出されます。すると、薬も医者もなくして、自律神経を整えることができるのでおすすめです。

仕事をされている方は出勤時にこれらをしてみるといいですね。ひと駅手前で降りて朝日を浴びながらウォーキング。そのときには楽しいことをイメージングしながら口角を上げて。

母は、先生に言われたとおり、朝食のあと椅子を窓際に移動して、朝10時までは、お茶を飲みながら、他の患者さんとおしゃべりを楽しむようにしたそうです。

そして太陽を浴びることを意識し出したら、入り口の暗いところのベッドで太陽を浴びていなかったときよりも、とても前向きになって、病気とも向き合うようになりました。

なかなか外に出ない主婦の方などは、まず朝起きて白湯《さゆ》を飲みながらのんびり太陽を浴びてみてはいかがでしょう。セロトニン効果で夜の睡眠も深くなりますよ。

「輝くオーラ」を出す方法

私は人間を観察するのがとても好きです。街を歩いているとき、美容院やカフェにいるとき、セミナーに出席したときなど、ボーッと人を眺めていることがあります。

そしてその中にはぐっと人を引きつける魅力を持っている女性がいたりして、そういう女性には必ず目を止めてしまいます。

それが何なのか簡単に言うと、目には見えないけれども**「美しいオーラ」を感じる**のです。ですから、大勢を一気に見ていたとしてもすぐにその美しい人がわかるのです。

こうやってオーラが出ている人と普通の人との違いは何か？　私なりに出したデー

タがあります。

芸能人や、活躍されているモデルさんなどを生で見たことがある方は、彼らの持つオーラを肌で感じたことがあるのではないでしょうか？

または、別にその種の仕事をやっていない一般の方でも、強く目を奪われるようなオーラを発している人をご覧になったことはないでしょうか？

そうした人全員に共通する点はこれでした。それは「自信がある人」ということ。

オーラとは自分に強い自信を持っている人から発せられるものなのです。

「自信」を辞書で調べてみると、

「自分で自分の能力や価値などを信じること。自分の考え方や行動が正しいと信じて疑わないこと」

というようなことが書いてあります。

それらがあると、傍から見ている人は「あの人、堂々としているな……」という印象を受け、その人に何らかのオーラを感じ取るものなのです。

自信についてさらにくわしく説明すると、**「過去の実績、または現在得られている何らかの結果による自信」**もしくは、**「努力と行動に裏づけられた自信」**があります。

それは能力的なこともあれば、容姿などの外見的な要素もあります。

そういう人は胸を張っています。背筋が伸びています。そして、意志ある瞳をしています。それがオーラを発生させるのでしょう。まるで細胞からにじみ出るように。

背筋をピッと伸ばせば、人生が変わる

では、自信のない人は、オーラを発することができないのかというと、必ずしもそうとも言えません。

たとえばですが、何となく透明感のある女性っていますよね？　特別自分に自信があるふうでもなく、意志のある目をしているわけでもなく、フワ〜ッとしていて、ホント、天使のような女性。

そういう人もある意味、オーラがあるのです。「キレイオーラ」とでも言いましょ

うか。それは心が綺麗な人や心根の優しい人が持つ、透明感のあるキレイなオーラです。

自分を信じている人も美しい、自信に満ちあふれている人も美しい、外見が整っている人も美しい、そして心の綺麗な人も美しい。

そうした、**あらゆる美しい人からはオーラが出ている**のです。

オーラについてまとめますと、次のような要素があれば、オーラを発することができます。

- 胸を開き、姿勢をまっすぐにする
- 自分に自信を持つ
- 笑顔になる
- 美しい心を持つ

この中でいちばん手っ取り早くオーラを出す方法は、**胸を開き、姿勢をまっすぐにすることでしょう。これだけで、頭のてっぺんからつま先までエネルギーが通ります。**

そして、これに加えて笑顔になるだけで、一瞬にしてオーラを発する人のメンタルに変わります。

姿勢を正せば、多少のネガティブは解消されるくらいですから、まずこの二つは最低限意識してみましょう。それができるようになると、知らず知らずのうちに自信もついていきますから。

「膨大な数の幸せ」に気づく方法

多くの人々は「幸せになりたい」と言います。あなたもそう思っていますか?
では、そんなあなたに質問があります。

「なぜ、幸せになりたいのでしょうか?」

それはきっと、今が幸せじゃないと感じているから。
実は、この**「幸せになりたい思考」**がどんどん人を貧乏思考にさせ、ネガティブ思考にさせ、不幸せをつくってしまう要因になっているのです。

極端なことを言ってしまえば、**今、この本を手にして読める環境にいる人々すべては幸せ**なのです。携帯を持っていますよね？　パソコンを持っていますよね？　それを使う時間がありますよね？　雨風しのげる家があって、温かい布団で眠ることができますよね？

でも実際には、それでも自分には何かが不足していると感じている人々が多いのです。では、日本のように物があふれていない発展途上国に生きる人々が、日本の人々よりも幸せ度が高いと言われている理由はなぜでしょうか？

それは、今ある幸せに目を留めているからです。

幸せになりたい、じゃなくて、今、自分は幸せなんだ、という認識を持った瞬間、その瞬間からあなたは「幸せな人」になれます。

「幸せ」の正体

幸せとは、何を持っているかとか、どんな環境にいるかなどの条件付きで決まるものではなくて、単なる脳の認知です。

夢がない言い方で申し訳ないのですが、「幸せだ」と思ったらその瞬間から幸せで、「幸せになりたい」と考えたら、自分が今、幸せじゃなくて不幸せであると脳が認知してしまい、その瞬間から不幸のどん底へ意識が向かっていくのです。


もちろん、私たちの人生には悲しみも逆境も、腹立たしい経験もたくさんあるわけですが、それでもきっと毎日の中に、小さなことに感謝できるたくさんの「幸せの種」があふれているはず。そこを虫眼鏡で拡大してみてください。涙が出るほどありがたい気持ちになるでしょう。

そう思えたときから、あなたは誰が何と言おうと幸せな存在なのです。

これは、無理矢理思い込めということではなく、不幸せを幸せに転換しようよ、という話でもありません。

しんどい出来事や腹立たしい出来事は早くスルーするか、教訓を得るか、自分の中で昇華させるなどして、別のありがたい出来事だったと思うように意識的にシフトチェンジしていこうよ、という話なのです。

そして、幸せだ、という認識と意識を持つとどんなことが起きるのでしょうか?

それは、**「幸せが固定化していく」**のです。固定化、現実化、現象化。

簡単に言うと、**あなたを取り巻く環境が「私は幸せである」というセルフイメージによって、それを無意識に達成しようとするので、幸せな出来事がもっともっとあなたの身に起きることになる**のです。これが引き寄せの法則の原点でもあります。

さて、あなたは誰が何と言おうと幸せなのですが、日常生活のどこに「幸せの種」があるでしょうか?

小さな種をたくさん拾って拡大鏡で見てくださいませ。その瞬間からあなたは幸せになることでしょう。

よく言われているように、あなたは、幸せになるために生まれたのではありません。

幸せに気づくために生まれたのです。

髪を振り乱し、乗り越えなきゃならんときもある！

「ありのままでいよう」「ゆるゆるでいこう」――。

苦しい経験をしているときは、そんな言葉に「ホッ！」としたり、癒されたりすることがあるかもしれません。

しかし、**ときには自分の体に鞭《むち》打ち、がむしゃらにがんばらなければならない**、そんなときもあります。

そう、人生における山や谷の時期に、逃げずに、ただただ苦しい現実と向き合って、走り続けなければならない、そんなときがあるもの。

私も本やブログなどではエラそうなことばかり書いていますが、17年前までは、メンタル面では死にそうになっていました。

ただただ朝起きて仕事に行って、夜遅く帰ってきて寝て、そしてまた朝が来て……のルーチン。休む暇もなく、贅沢するお金もなく、心はまるでうつ状態。もう、そうなると何のために生きて、何のために仕事して、何のために食べているのかもわからないほどの時期がありました。

もはやそのときの私の務めは、ただただ呼吸をするだけ……本当にそんな感覚でした。

「私、立ってるだけですごい、息しているだけでもすごい」

そんなふうに自分を励まして力づけてきました。正直、外見に手をかけている暇も気力もない。時間もお金も余裕がない、ないないづくし。

もしかしたら今、そんな状態だという方もいらっしゃるのではないでしょうか？

もちろん、人生の中ではそういう時期があってもおかしくないですし、むしろ、「経験することに意味がある」という観点で言うと、髪を振り乱してただただ生きるだけ、という時期はとてもいい経験の一つになるのです。

もしかしたら、この本を手にしている人の中に「私、息して立っているだけですごい！　生きているだけでブラボー！」という方もいらっしゃるかもしれません。

私たちは、いつも感情が平坦なわけではありません。バイオリズムがあり、上がったり下がったりを繰り返します。

ですから、「落ちた」次は「上がる」のです。**今、髪振り乱して生きているだけのときだとしても、必ずやメンタルが落ち着いて、自分を大切にできるときが来る**ものです。

日々の生き方が、未来のあなたの美しさをつくる

ただ、その苦しい期間が過ぎたら、それまでいつもあと回しにしていた、自分に手をかけるということを、たっぷりと自分にしてあげてほしい。

なぜなら私たちが生きている理由は、自分の基本的欲求を満たすためですし、外側に手をかけることは、健全なバランスのとれたメンタルをつくることだから。

もしかしたら、今子育てですごく忙しくて、自由に行動できない環境に置かれていたり、金銭的に自分に手をかけられなかったり、そんな身動きの取れない状態にあるかもしれません。そうであっても、置かれた環境の中で、毎日の生活に、「小さな自分癒し」を忘れずに入れてあげてください。

そして大切なことは、「理想の自分」を心に描き続けることです。

今は時間もお金もなくても、あなたが「こうありたい！」と願う未来が設定できたら、必ずやその瞬間から、未来はその願いへ向かって行くことになっているのです。

しかしこの文章を読んでも、残念ながら自分の理想の出来事や未来が全然起こらない人もいます。

それは、こういう情報を知っても「それは無理」とか「そんなに簡単じゃない」「そんなことありえない」と言っている人です。そう言った時点で、必ずやその否定も言葉通り成就することになります。

今、もし、しんどくて、しんどくて、もがいて、もがいて出口の見えないトンネルの中だったとしても、いつか必ず出ることになるのですから、その暗いところで、暗さをとことん味わってみてください。

ときに、がむしゃら！
ときに、倒れこむ。
そしてまたシャカリキ！
しかも女捨てて、髪振り乱し、
ただただ走り続ける。

倒れてしまったら、そのまま少し休んでもいいし、起き上がって走らなければならないなら、サッサと起きて、また立ち上がり走る。
それはまるで、クラブ活動で汗を流し、必死に練習に明け暮れていたときのように。
「何回目かの青春みたい……」とつぶやきながら。

そんなさわやかなものじゃないけれど、そこを乗り越えて、あとになって振り返ってみたときに、やっぱり、そのときの自分があったから、今の自分の素敵がある、というのに気づくことでしょう。

それが、未来のあなたの美しさをつくるのです。

おわりに

人生の中での苦しいことは、のちに「よかった!」になる

最後までお読みいただきまして、ありがとうございました。本書の単行本を出版したのは、今から2年半前です。こうしてまた文庫本として生まれ変わり、皆様にお届けできること、ありがたく思っております。

文庫本として新たに出版するにあたり、改めてこの本をじっくり読み直しました。今も昔も変わらずがんばり屋である女性たちには、本当に必要な内容だと、単行本を出版したときよりも強く感じました。

本文でも述べましたが、SNSなどで一般の人までが本名でプライベートをオープンにするようになり、「特別親しいわけでもない繋がり」も年々増えています。それに比例して、流れてくる「他人の充実した生活」とご自身の日常を比べ、ねたみや焦りなど感じる方も増えているように感じます。ネット上の繋がりは、リアルな人間関

係よりも情報量が多い分、疲弊するかもしれません。

こうした「ネガティブな感情」は、心を重くするばかりか、それをずっと抱えたままでいると身体まで重くします。しかし、多くの人が見落としてしまうのが、この「ネガティブな感情」こそが、「ポジティブ」を支えるものである、ということです。

よく世間一般では、「ネガティブは排除して、ポジティブになりましょう！」と言われるので、人はネガティブな感情を持つことに対して罪悪感を抱いてしまいがちです。

しかし突きつめると、ネガティブな感情も暴れ出しそうになる負の感情も、ポジティブで前向きなプラスの感情と対《つい》をなすもの。それらも大切な感情であると知ったとき、ネガティブな感情を嫌うことなく「自分をもっと知るための材料」とすることができるのです。

そうやってネガティブな感情と上手に付き合うことができたとき、本当の意味で「生きるのが楽」になる。楽になることができれば、人生楽しくなるのです。本書の最終目的はそこにあります。

本書を繰り返し読んで、心のトレーニングを行い、強いメンタルを少しずつ構築していっていただきたいという願いを込めて、この文庫本を送り出したいと思います。

私自身、「頭と心に叩き込みたい！」という本は文庫版で購入し、でかけるときには必ずバッグに一冊忍ばせておきます。お気に入りのカフェに入ったときは、付箋を貼ったり、メモをとったりなどして読むのもまた心地いいものです。本書がそんなあなたの友のような存在になったら幸いです。

本書を出版するにあたり、関わってくださったすべての方々に、心からの感謝をお伝えいたします。そして、作家としての人生を支えてくださっているブログの読者様たちにも重ねて感謝申し上げます。

この本を手に取る方すべてが、ご自身の人生を謳歌《おうか》し、楽に楽しく生きられるよう、心からお祈りしておりますと同時に、応援しております。

ワタナベ薫

本書は、廣済堂出版より刊行された単行本を、
文庫収録にあたり加筆・改筆・再編集したものです。

生《い》きるのが楽《らく》になる
「感情整理《かんじょうせいり》」のレッスン

著者　ワタナベ薫（わたなべ・かおる）
発行者　押鐘太陽
発行所　株式会社三笠書房
〒102-0072 東京都千代田区飯田橋3-3-1
電話　03-5226-5734（営業部）03-5226-5731（編集部）
http://www.mikasashobo.co.jp
印刷　誠宏印刷
製本　ナショナル製本

 ISBN978-4-8379-6822-1 C0130

三笠書房〈単行本〉
人生を思い通りに変えられる
運を味方にする生き方バイブル
「あっ! 運の流れが変わった」
運のいい女《ひと》の法則
ワタナベ薫
Kaoru Watanabe
あなたをもっと
素敵に変える「開運レッスン」!
All You Need is Within You Now.
Simple Ways to be Extremely Happy!

K10047